Traité

DE

HAUTE COMPOSITION

Musicale

PAR

ANT. REICHA

2.e Partie.

Prix: fr. 40.

Nota. Cet Ouvrage fait suite au Traité de Mélodie
et au Cours d'Harmonie pratique du même Auteur.

à PARIS chez ZETTER &Cie rue de Louvois N.º 5, en face de l'Opéra Italien.

LIVRE QUATRIÉME.

DE LA FUGUE.

La fugue est un morceau de musique dans lequel le motif (ou le sujet) court, ou fuit sans cesse d'une partie à l'autre, d'après certaines règles: c'est par cette raison que les anciens lui ont donné le nom de fugue, qui vient du latin FUGA (fuite.)

Il y a quatre objets principaux qui constituent une fugue, savoir:

1º. Le motif, ou le sujet de la fugue;

2º. La réponse du sujet;

3º. La matière principale dont la fugue se compose;

4º. L'ordre dans lequel la matière fuguée doit être présentée.

Mais avant de discuter ces quatre objets, il est essentiel, pour la clarté de cet article, d'indiquer d'une manière précise en quoi consiste la différence qui existe entre la fugue ANCIENNE, composée dans le STYLE RIGOUREUX, et la fugue MODERNE, composée dans le STYLE ACTUEL, ou LIBRE; car les compositeurs les plus célèbres du 18ᵐᵉ siècle ont fait presque toutes leurs fugues dans ce dernier style.

1º. La fugue se fait (sous le rapport de l'harmonie, des successions de notes dans chaque partie et des modulations) d'après les principes du GENRE RIGOUREUX que nous avons exposés au commencement de cet ouvrage; dans ce cas, la fugue est vocale sans accompagnement, ou seulement accompagnée par l'orgue; nous l'appelerons FUGUE ANCIENNE. Ce n'est que la fugue ancienne qui a été traitée jusqu'à nos jours dans les ouvrages sur la composition.

2º. La FUGUE MODERNE, soit vocale, soit instrumentale, est tout-à-fait dégagée des entraves de la fugue ancienne. Mais aussi, une fugue vocale dans ce genre, est toujours accompagnée par l'orchestre, pour soutenir les voix et assurer leur intonation. Nous donnerons ici un tableau comparatif de la fugue ancienne et de la fugue moderne, pour voir d'un coup d'œil ce qui est défendu dans l'une et ce que l'on a jugé à propos d'introduire dans l'autre. Les exemples sont placés au dessous du texte, en forme de NOTA.

FUGUE ANCIENNE,	FUGUE MODERNE,
Tout-à-fait dans le style rigoureux et seulement pour des voix.	ou dans le style libre, soit vocale (accompagnée par l'orchestre) soit instrumentale.
1º. Excepté la quarte augmentée, la sixte majeure et la septième diminuée (en les employant sous les conditions prescrites dans l'article sur le style rigoureux, page 8 du 1ᵉʳ Volume) toutes les autres successions ci-dessous sont sévèrement proscrites. (Voyez Nota 1.)	1º. Il est permis d'employer dans une fugue les successions suivantes, (voyez Nota 1) pourvu que l'on n'en abuse pas, c'est à dire que l'on ne les prodigue pas sans nécessité.

Fugue ancienne.

2° Les sujets chromatiques sont proscrits.

3° Un sujet de fugue doit commencer et finir autant que possible par la TONIQUE ou par la DOMINANTE.

4° Les notes de goût n'ont jamais été pratiquées dans le style rigoureux, par la raison qu'il n'est pas permis dans ce style d'attaquer un accord par une note qui lui soit étrangère, sauf la suspension.

Ces quatre points, étant rejetés dans la fugue ancienne, sont la cause de la pauvreté et de la grande ressemblance de tous les sujets de fugue du genre rigoureux.

5° La quarte juste ENTRE la BASSE et une partie HAUTE (comme note réelle de l'accord) est généralement bannie du style rigoureux. On ne la tolère tout au plus que sur la pédale d'une fugue, ou bien dans la formule de cadence finale, employée de la manière suivante:

Fugue moderne.

2° Un sujet chromatique de quatre à cinq demi-tons, soit en montant soit en descendant, est permis (voyez nota 2)

3° Un sujet de fugue peut commencer et finir n'importe par quelle note du ton, pourvu qu'il chante franchement; de plus, il pourrait même l'attaquer par une note prise hors du ton, si le compositeur le jugeait à propos et s'il possédait le talent de rendre sa **fugue** intéressante, par une harmonie franche. (voyez nota 3.)

4° Les notes de goût (appogiature) pourvu qu'elles soient de courte valeur (par exemple une croche dans l'Allegro,) peuvent s'employer dans la fugue moderne, par exemple (voyez nota 4.)

Les quatre points que nous venons d'indiquer dans ce tableau, étant admis dans la fugue moderne, donnent aux compositeurs la facilité de choisir des sujets de fugue saillans, neufs et intéressans.

5° La quarte juste (entre la basse et une partie haute) peut se pratiquer comme NOTE RÉELLE de l'accord, dans tous les cas où elle est préparée, par Ex:

La note de goût (marquée d'une +) ne comptant pas dans l'harmonie, on la traite comme si elle n'existait pas; c'est à dire que l'on accompagne les quatre notes comme si elles n'en fesaient qu'une seule, qui est Voici l'exposition de fugue à quatre parties avec ce sujet:

Fugue ancienne.

6.º Sauf les notes de passage, toutes les dissonnan_ces doivent être rigoureusement préparées: par con_séquent les intervalles SOL_FA et FA_SOL dans la sep_tième dominante ne peuvent pas se frapper sans cet_te condition.

7.º En général on n'emploie pas ces trois accords: (Voyez NOTA 6.)

8.º Il ne faut pas sortir des tons relatifs et sur_tout ne point employer les sujets de la fugue dans un ton qui ne soit pas relatif. Une transition forte y est déplacée, parce qu'elle y produit trop de contraste a_vec ce qui la précède.

9.º Les résolutions par exception des accords dis_sonnans, ainsi que les cadences rompues ne peuvent avoir lieu que très rarement.

10.º Les valeurs de note que l'on emploie ordi_nairement dans la fugue ancienne sont des rondes, des blanches, des noires, rarement des croches, à moins que la fugue ne soit dans un mouvement d'Andante, de Lento, d'Adagio ou de Largo; dans ces cas on peut même ten_ter des doubles_croches. Elle est excessivement pauvre en traits et en dessins chantans et variés.

11.º On chantait tout à l'unisson, ou à l'octave avant la dé_couverte de l'harmonie; mais dès que les accords furent con_nus, les compositeurs qui ont précédé le 18.ᵐᵉ siècle ont proscrit cet effet. Voilà la véritable raison qui l'exclut dans l'ancienne fugue.

Fugue moderne.

6.º Il est permis de frapper de tems, en tems sans préparation, la septième mineure (sol_fa) et son ren_versement, la seconde majeure (fa_sol) dans l'accord de septième dominante (sol_si_ré_fa.) Cela peut se faire 1.º en faveur d'une imitation exacte, ou d'un Stretto; 2.º en restant dans le MÊME ton, mais il n'en faut pas abuser, et ne l'employer que dans l'harmonie à plus de deux parties. (Voyez NOTA 5.)

7.º On peut parfois aussi frapper sans préparation les trois accords suivans: 1.º L'accord de neuvième ma_jeure employée surtout sans sa basse fondamentale; 2.º L'accord de septième diminuée; 3.º L'accord de sixte aug_mentée. Voici des exemples (Voyez NOTA 6.)

8.º On peut moduler plus hardiment, et même sor_tir plus ou moins des tons relatifs. Vers la fin de la fugue (dans le COUP DE FOUET du morceau) une tran_sition heureuse, un peu HARDIE et bien amenée, y sera à sa place et y produira toujours de l'effet.

9.º Les résolutions par exception des accords dis_sonnans, et les cadences rompues sont très fréquentes dans la fugue moderne. Elles y produisent beaucoup d'_effet, pourvu qu'elles soient bien faites et amenées à propos.

10.º On admet dans la fugue moderne des valeurs de note de toute espèce, ainsi que des traits et des dessins de chant d'une grande variété, pourvu que l'unité requise soit observée.

11.º Un trait (et surtout le sujet de fugue) exécuté par toutes les parties en UNISSON, peut produire un grand effet, particulièrement vers la fin de la fugue. Il serait donc ridicule de l'exclure.

Nous donnerons à la fin de ce tableau une règle pour faciliter aux voix l'exécution des accords dissonnants lorsqu'ils ne sont pas préparés.

Fugue ancienne.	Fugue moderne.

Fugue ancienne.

12: On n'employe que la grande pédale sur la do _ minante primitive, vers la fin de la fugue: toutes les au _ tres pédales sont proscrites.

Avant le 18.° siècle on n'a pas même fait enco _ re usage d'une pédale quelconque dans les fugues.

Fugue moderne.

12° Outre la grande pédale sur la dominante du ton primitif (vers la fin de la fugue) on peut employer de courtes pédales. sur la tonique (plus rarement sur la do _ minante) des tons relatifs, dans le courant du morceau; et, si on le juge à propos, on en peut faire encore une plus longue sur la tonique primitive, tout-à-fait à la fin.

Il est encore essentiel de remarquer que de nos jours on ne fait plus la fugue ancienne (ou dans le style rigoureux) tout-à-fait avec les mêmes restrictions que du tems de PALESTRINA. On y module à présent un peu plus hardiment; on y employe plus d'accords dissonnants; on y mêle parfois de petites phrases chromatiques; on y introduit plus de variété dans les valeurs de notes. On choisit des sujets plus modernes; on s'y permet de tems en tems des successions de notes prohibées jadis, comme quarte diminuée, quinte augmentée, septième diminuée, septième mineure; on y ajoute une coda; on fait ces fugues dans toute sorte de mesures &c: En sorte que l'on peut dire qu'il existe trois sortes de fugues, savoir: 1°. La fugue tout-à-fait dans le STYLE ANCIEN; 2°. La fugue MODERNE ou LIBRE; 3°. La fugue MIXTE, c'est-à-dire celle qui participe des deux styles.

Règle à observer dans la fugue vocale moderne, lorsqu'on employe les quatre accords suivants sans préparation:

1°. L'accord de septième dominante; 2°. L'accord de neuvième majeure;

3°. L'accord de septième diminuée; 4°. L'accord de sixte augmentée.

Il est de fait que les voix n'ont pas, à beaucoup près, les moyens des instruments pour attaquer les accords dissonnants avec assurance, surtout lorsque ces accords ne sont pas préparés. C'est par cette raison que les voix exigent en général plus de ménagement que les instruments. Anciennement, dans le style rigoureux, basé uniquement sur les accords consonnants, on mettait les voix trop à leur aise. De nos jours, au contraire, on tombe dans l'exès opposé en prodiguant les accords dissonnants. Mais comme nous ne voulons que des effets, et des effets souvent variés, (même dans la fugue) et que l'on ne peut pas les obtenir par le seul style rigoureux, il a fallu introduire, dans notre musique, bien des choses que les anciens ignoraient ou qu'ils avaient proscrites, comme par exemple:

1°. Des traits, en unisson pour mieux faire ressortir l'harmonie ensuite;

2°. Différents accords dissonnants frappés souvent sans préparation pour produire plus d'effet;

3°. L'harmonie à deux, à trois et à quatre, doublée et triplée;

4°. Des transitions plus ou moins fortes;

5°. Des exceptions saillantes dans la résolution des accords dissonnants;

6°. Des contrastes frappants, des idées, des chants interressants et neufs, des surprises, de l'originalité &c: &c:

Lorsqu'on fait abstraction de tous ces effets, rien n'est plus facile que de dire: évitez ceci, évitez cela! C'est ainsi que l'on prescrit dans le style rigoureux de faire peu d'usage des accords dissonnants, et en les employant, de les préparer toujours sévèrement. Mais si l'on veut faire une fugue vocale moderne à l'imitation de celles de nos grands maîtres, où les quatre accords dissonnants ci-dessus se frappent souvent aussi sans préparation, comment faut-il s'y prendre pour rendre ces accords praticables aux voix? Quoique la règle soit fort simple elle n'a été indiquée nulle part la voici:

Pour faciliter aux voix l'exécution d'un accord dissonnant sans préparation, il faut l'enchaîner (avec l'accord qui le précède) de manière à ce que le pas _ sage de l'un à l'autre mette les voix à même d'attaquer avec certitude l'accord dissonnant. L'exemple suivant va éclaircir cette règle:

Le second accord de cet exemple est la sep _ tième dominante, dont la note dissonante (fa) est frappée sans préparation, en suppo _ sant que ce fa (comme dissonnance) soit difficile à attaquer d'emblée, il est clair que cette difficulté disparaitra par le passage du MI AU FA; car, quel chan _ teur ne serait pas en état d'exécuter ces deux notes n'importe l'accord par lequel on accompagnera le fa?

La même facilité existe en interrompant ces deux notes par une courte pause, par exemple: ainsi, la difficulté d'exécution d'un accord dis _ sonnant non préparé ne dépend pas précisé _ ment de cet accord même, mais elle dépend plutôt de l'accord qui le précéde ainsi que de sa position relativement à celle de l'accord dissonnant.

Si donc le passage d'un accord, pour arriver à l'accord dissonnant, est ordonné de manière à ce que chaque voix puisse attaquer franchement l'accord dissonnant, l'exécution de ce dernier sera toujours facile, surtout lorsque les voix seront soutenues par l'orchestre. Les parties doivent aller d'un accord à l'autre par degrés conjoints autant que possible. Ce moyen est le plus sûr pour rendre facile aux voix l'exécution des accords dissonnants non préparés. Voici des exemples où chaque accord dissonnant est amené naturellement par un accord consonnant, suivi de sa résolution.

N.º 1 L'accord de 7.ᵐᵉ dominante sans préparation, et dans ses différents renversements.

N.º 2 Accord de 9.ᵐᵉ majeure frappé sans préparation et sans sa basse fondamentale.

N.º 3 Accord de 7.ᵐᵉ diminuée non préparé.

N.º 4 Accord de sixte augmentée sans préparation.

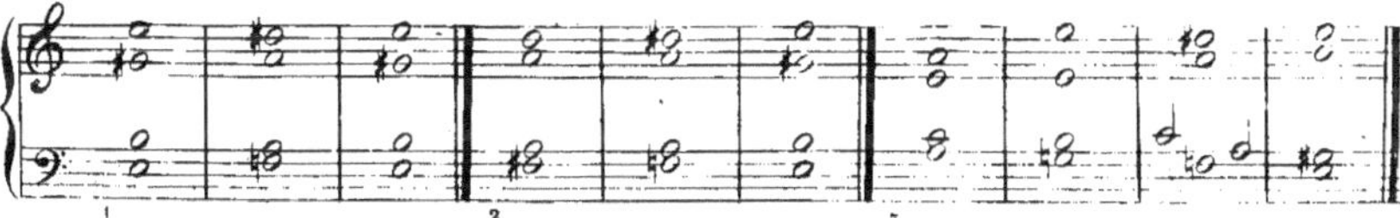

Si les chanteurs avant le 18.me siècle n'avaient pas le talent d'exécuter purement des accords dissonnants sans préparation, c'est qu'ils n'étaient ni bons chanteurs ni bons musiciens, ne répétaient point ce qu'ils devaient exé_ cuter, ou le répétaient fort mal. Pourquoi de nos jours les chœurs chantent-ils juste aux théatres, à l'église et mê_ me dans les rues de Leipzig, de Hambourg et de Dresde?(1) c'est que tout le monde étudie soigneusement sa partie, tâche de devenir bon musicien, et que l'on répéte les chœurs avec beaucoup de soin! Au reste, l'exécution musicale a fait de grands progrès et en fera peut être encore: ce qui n'était pas possible de rendre il y a 80 ans, est devenu fa_ cile de nos jours; les voix, comme tous nos instrumens, ont acquis, sous le rapport de l'exécution, une perfection éton_ nante. On trouve (à force d'étude) le secret de rendre tout, pourvu que cela ne soit pas hors des cordes de la voix ou de l'instrument. Un compositeur est sûr de trouver des artistes capables d'exécuter ses productions, pourvu qu'elles ne soient pas marquées au coin de la folie et de l'inexpérience. Il n'y a nulle comparaison à faire entre l'exécution an_ cienne et la moderne: la première était dans l'enfance, la seconde au contraire est parvenue au plus haut degré.

Il est facheux pour le style rigoureux, que les fugues les plus célèbres, les plus estimées et les plus admi_ rées de toute l'Europe, soient précisément celles que l'on a composées dans le style moderne. Tous les com_ positeurs en réputation du 18.me siècle en ont faites; Corelli, Leo, Scarlati, Durante, Händel, Marcello, Iomelli, Sebastien et Emmanuel Bach, Haydn et Mozart y ont excélé.

Que les partisans exclusifs de la fugue ancienne, s'en prennent à ces illustres maîtres, si tout ce que nous avons indiqué sur la fugue moderne n'est point de leur goût. Quant à nous, notre devoir est de rendre compte de tout ce qui existe et de tout ce qui peut interresser l'art. Si la composition musicale fesait des progrès, et que les traités sur cet art restassent toujours en arrière, il est evident, pour l'esprit le plus borné, que ces traités finiraient par devenir illusoires et nuls. (2)

On peut objecter avec raison 1.° que les règles pour la fugue dans le style rigoureux sont positives,(3) et suf_ fisent pour guider les élèves d'une manière certaine: 2.° que les licences tolérées dans la fugue moderne, peu_ vent induire les élèves en erreur, les habituer à ne pas écrire purement, ou au moins les mettre dans le cas de ne pas apprendre à traiter les voix convenablement. Aussi fera-t-on bien de commencer TOUJOURS par la fugue ancienne, et d'apprendre à la bien faire avant de passer à la fugue moderne: et si l'on n'a ni le talent ni le génie de faire de bonnes et interressantes fugues dans le genre moderne, au moins on aura appris à en faire dans le style rigoureux: une bonne fugue dans ce dernier style sera toujours infiniment préférable à une mau_ vaise dans le style moderne.

Revenons sur les quatre objets pricipaux qui constituent la fugue, indiqués page 1.

(1) Différentes villes protestantes en Allemagne entretiennent des chœurs d'hommes et de jeunes garçons. Ces choristes sont obligés de s'exercer journellement. Ils sont dans l'usage de chanter une fois par semaine devant les maisons des person_ nes qui contribuent à leur entretien, pour leur témoigner leur reconnaissance. Ils exécutent avec une exactitude et une pu_ reté admirables, sans nul accompagnement, des morceaux très difficiles de nos maîtres les plus célèbres.

Dans différents cantons protestants de la Suisse (notamment dans celui de Zuric) le peuple en masse chante des can_ tiques à quatre parties dans les églises, sans nul accompagnement. Le nombre des chanteurs est quelquefois de plus d'un millier. Ces enfants apprennent par cœur, (et presque machinalement) dans les écoles; les parties de SOPRANO et D'ALTO; Les enfants mâles, devenant grands, se réunissent dans des assemblées particulières et y apprennent à exécuter le TENOR et la BASSE-TAILLE.

(2) Car en musique comme en littérature, et dans tous les beaux arts, les règles ne sont que des résultats d'observation faites sur la pratique des grands maîtres.

(3) Ces règles concernent l'harmonie et la manière de faire chanter les voix. Quant à la conduite de la fugue, les rè_ gles doivent être les mêmes pour la fugue moderne que pour la fugue ancienne.

I
DU SUJET DE FUGUE.

Le sujet (ou le motif) de la fugue est le chant principal de cette production. L'intérêt d'une fugue dépend par conséquent beaucoup du choix que l'on fait de son sujet. Comme ce dernier se reproduit sans cesse, il s'en suit qu'il communique à la fugue ses qualités: un sujet vigoureux donnera de l'energie à la fugue; un sujet original la rendra neuve; un sujet gai lui communiquera sa légèreté; un sujet gracieux peut la rendre gracieuse elle même.

Le sujet doit être court, pour que les auditeurs puissent le saisir et le retenir sur le champ: il ne doit pas surpasser huit mesures dans l'allegro, et quatre dans le mouvement lent. Il n'a parfois que cinq ou six notes renfermées dans deux mesures. Il est important qu'il renferme un trait de chant franc, qui se grave facilement dans la mémoire et reste dans l'oreille. Les sujets dans le genre du plain-chant sont rarement heureux et sont peu interressants.

Le sujet reste ordinairement dans le ton, ou ne module que de la tonique à la dominante. Les sujets CHROMATIQUES font quelquefois exception à cette règle. Les sujets de fugues, dans les styles rigoureux, sont en général peu variés et peu saillants; les sujets de fugues modernes sont riches, très variés, neufs et saillants. On trouvera une grande quantité de sujets de fugue dans l'article suivant sur la réponse.

II
DE LA RÉPONSE DU SUJET.

La réponse est une transposition du sujet. Mais cette transposition éprouve le plus souvent un ou plusieurs changements. L'art de la réponse consiste à savoir faire adroitement ces changements quand la réponse l'exige. Il est indispensable de savoir répondre régulièrement à un sujet quelconque, et par conséquent de connaître les règles ci-dessous. Un compositeur qui ne sait pas faire une réponse régulière est réputé ne pas savoir faire la fugue.

La réponse doit être correcte dans la fugue moderne comme dans la fugue ancienne. Les mots TONIQUE et DOMINANTE, jouant un grand rôle dans la réponse, exigent que l'on se rappelle sans cesse:

1º Que le premier degré dans chaque ton s'appelle TONIQUE;

2º Que le 5me degré dans chaque ton s'appelle DOMINANTE;

3º Que l'on discute la réponse seulement MÉLODIQUEMENT, c'est-à-dire sans avoir égard à l'harmonie.

Ainsi les mots tonique et dominante ne signifient point ici l'accord de la tonique, et l'accord de la dominante, mais simplement le premier et le 5me degré du ton dans lequel la fugue est composée.

Première règle.

Quand le sujet commence par la tonique, et qu'il ne module pas dans le ton de la dominante, la réponse se transpose tout simplement à la quinte supérieure, ou (ce qui revient au même) à la quarte inférieure; elle éprouve rarement dans ce cas un changement.

Seconde règle.

La dominante répond à la tonique, et la tonique répond à la dominante, au COMMENCEMENT et A LA FIN de la réponse: cette règle n'a point d'exception. Ainsi,

A Quand le sujet commence par la tonique, la réponse commence par la dominante;

B Quand le sujet commence par la dominante, la réponse commence par la tonique;

C Quand le sujet termine par la tonique, la réponse termine par la dominante;

D Quand le sujet finit par la dominante, la réponse finit par la tonique.

Dans ces quatre exemples, la réponse éprouve forcément un changement: car dans le N.º 1, le sujet ne parcourt que quatre degrés en montant, (de sol à ut) tandis que la réponse en doit parcourir cinq, (d'ut à sol.)

Dans le N.º 2, le sujet parcourt cinq degrés, tandis que la réponse n'en peut parcourir que quatre.

Dans le N.º 3, le sujet parcourt quatre degrés en descendant, sa réponse en doit parcourir cinq.

Dans le N.º 4, le sujet parcourt cinq degrés, tandis que sa réponse n'en peut faire que quatre.

Pour que l'on puisse répondre aux quatre degrés par cinq, (comme dans les N.º 1 et 3,) il faut que la réponse fasse quelque part une tierce au lieu d'une seconde: et pour que l'on puisse répondre aux cinq degrés par quatre, (comme dans les N.º 2 et 4,) il faut que la réponse fasse quelque part l'unisson au lieu d'une seconde.

La réponse ne peut JAMAIS éprouver d'autres changements que ceux dont nous venons de parler, c'est-à-dire qu'elle ne peut que changer un intervalle en un autre, lorsque cela est nécessaire: voici un tableau de tous les changements d'intervalles qui pouraient se rencontrer dans les réponses:

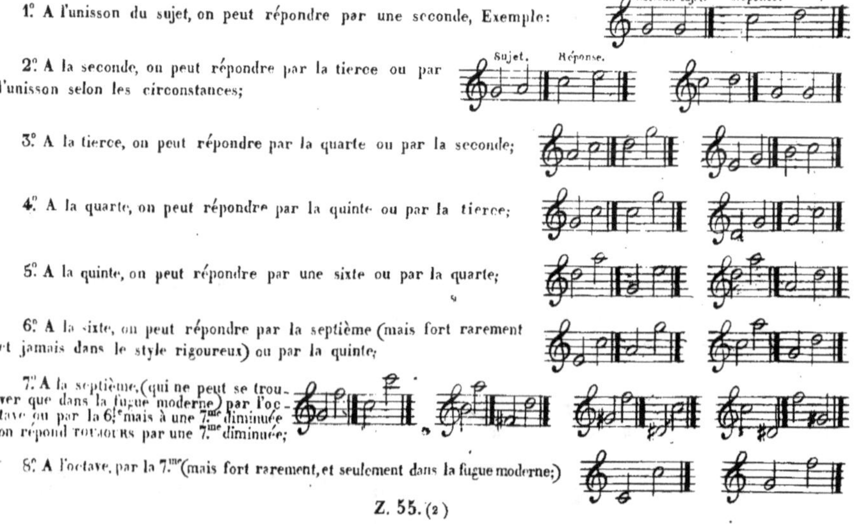

1.º A l'unisson du sujet, on peut répondre par une seconde, Exemple:

2.º A la seconde, on peut répondre par la tierce ou par l'unisson selon les circonstances;

3.º A la tierce, on peut répondre par la quarte ou par la seconde;

4.º A la quarte, on peut répondre par la quinte ou par la tierce;

5.º A la quinte, on peut répondre par une sixte ou par la quarte;

6.º A la sixte, on peut répondre par la septième (mais fort rarement et jamais dans le style rigoureux) ou par la quinte;

7.º A la septième, (qui ne peut se trouver que dans la fugue moderne) par l'octave ou par la 6.ᵉ mais à une 7.ᵐᵉ diminuée on répond TOUJOURS par une 7.ᵐᵉ diminuée;

8.º A l'octave, par la 7.ᵐᵉ (mais fort rarement, et seulement dans la fugue moderne;)

On ne fait jamais ces changements que lorsqu'ils sont nécessaires: dans le cas contraire on répond à l'unisson par l'unisson, à la seconde par la seconde, et ainsi de suite.

On voit aussi par le tableau précédent que (en cas de changement) on peut augmenter ou diminuer un intervalle D'UNE SECONDE, mais pas de plus: cette dernière règle n'a presque jamais d'exception.

Quand la réponse exige la diminution d'une seconde, il est clair que l'augmentation serait une faute, et vice versâ. Nous avons dit que la tonique répondait à la dominante, au commencement et à la fin du SUJET: ainsi, quand celui-ci commence par la dominante et ne module point, la réponse commence par la tonique et ne transpose à la quarte inférieure, ou à la quinte supérieure, qu'en partant de la seconde note, par exemple:

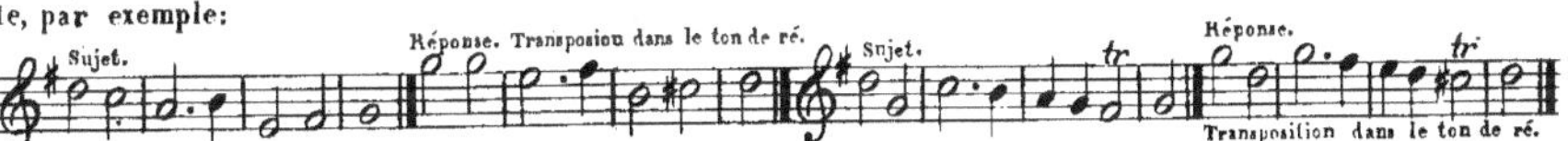

Dans ces deux exemples, la réponse est transposée en RÉ, sauf la première note qui doit être SOL et non pas LA, selon la règle. Il faut encore remarquer que l'on ne doit jamais répondre à un intervalle montant par un intervalle descendant et vice versâ.

Troisième règle.

Quand le sujet module de la tonique à la dominante, la réponse au contraire module de la dominante à la tonique: dans ce cas la réponse éprouve toujours des changements.

Il arrive parfois (après la première ou les deux ou trois premières notes) que le sujet tourne de suite dans le ton de sa dominante où il finit, comme dans l'exemple précédent. Dans ce cas, la réponse est presque toute entière dans le ton de la tonique: car ces deux tons se répondent toujours avec la plus grande exactitude: ce qui force le compositeur à transposer son sujet, non pas à la quinte supérieure, mais à la quarte supérieure. Et on peut poser comme règle générale, que la transposition à la quarte supérieure doit toujours avoir lieu là où le sujet module à la dominante.

Il résulte de ce que nous venons de dire, que

1.º On ne transpose qu'à la quinte supérieure quand le sujet ne module pas à la dominante, sauf la première note à laquelle il faut répondre par la tonique lorsqu'on commence par le 5.ᵐᵉ degré du ton.

2.º Quand le sujet module à la dominante, il faut le diviser en deux parties: la partie qui reste dans le ton sera transposée à la quinte supérieure, et celle qui se trouve dans le ton de la dominante, se transposera à la quarte supérieure: dans ce cas on fera deux transpositions, ce que nous figurerons de la manière suivante, en supposant que le sujet soit en ut: SUJET ⟨EN UT⟩ ⟨EN SOL⟩ RÉPONSE ⟨EN SOL⟩ ⟨EN UT⟩.

3.º Quand le sujet, après avoir modulé à la dominante, retourne dans le ton de la tonique pour y finir, la réponse module d'abord de la dominante à la tonique, et ensuite de la tonique à la dominante: dans ce cas il faut diviser le sujet en trois parties, par exemple: Sujet ⟨en ut⟩ ⟨en sol⟩ ⟨en ut⟩ Réponse ⟨en sol⟩ ⟨en ut⟩ ⟨en sol⟩.

10

Un sujet reste souvent dans le ton, bien qu'il termine sur le 5.me degré; mais comme il faut, dans ce cas, que la réponse finisse par la tonique, cette obligation force le compositeur de transposer la dernière note, ou les deux, trois ou quatre dernières notes du sujet à la quarte supérieure.

Par exemple :

Quatrième règle.

On répond aussi au 5.me degré (la dominante) par le premier degré (la tonique) dans le COURANT de la réponse, CHAQUE FOIS que cela peut se faire sans inconvenient. Voici des observations sur cette règle qui a beaucoup d'exceptions:

1.º On répond à la dominante par la tonique (dans le courant de la réponse) CHAQUE FOIS QUE CELA NE DÉRANGE PAS LE CHANT, ou ne le contrarie pas trop: dans le cas contraire, on répondra au 5.me degré par le second.

2.º On observe assez généralement cette règle lorsque le sujet débute par les deux notes dominante et tonique, auxquelles on répond par tonique et dominante, surtout quand la seconde note a une valeur un peu longue, ou qu'elle est suivie d'une pause, par Ex:

3.º Cette règle ne s'observe presque jamais quand le sujet termine par la dominante suivie de la tonique: dans ce cas la réponse se termine par le second degré suivi de la dominante, par exemple:

4.º On observe cette règle quand le sujet fait, dans le courant, un repos sur la dominante, surtout lorsque cette dernière est précédée de sa NOTE SENSIBLE, comme par exemple:

Cinquième règle.

En répondant au sujet, il ne faut pas altérer les valeurs de note: ainsi, quand on répond à une seconde par l'unisson, il faut frapper deux fois la même note, par exemple:

Il existe une exception à cette règle: quand le sujet commence par une ronde, il est permis de répondre à cette ronde par une blanche, si on le juge à propos:

Au reste, on ne fait pas beaucoup usage de cette licence.

Quant à la dernière note du sujet, dès qu'elle est une fois frappée, on peut accourcir ou prolonger sa valeur à volonté.

Sixième règle.

On répond autant que possible à un demi ton par un demi ton, lorsqu'on n'est pas obligé de changer la seconde mineure en une tierce ou en l'unisson. Cette règle a cependant des exceptions, surtout dans le mode mineur, comme dans les exemples suivants:

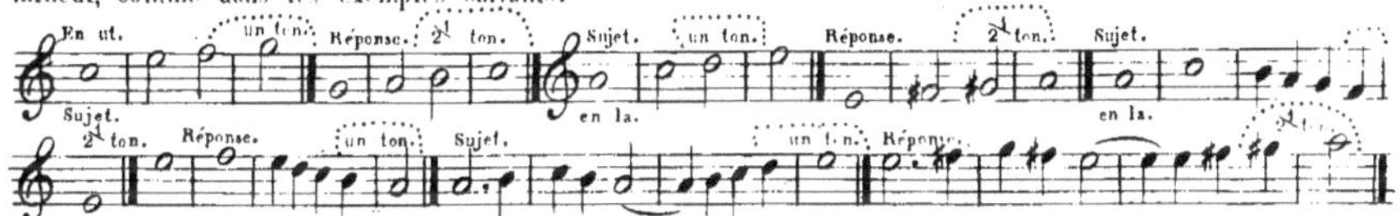

Nous avons observé (voyez la seconde règle) que l'on répondait toujours à la septième diminuée par une septième diminuée, eu égard au caractère particulier de cet intervalle. Voici encore deux exemples où cet intervalle est employé:

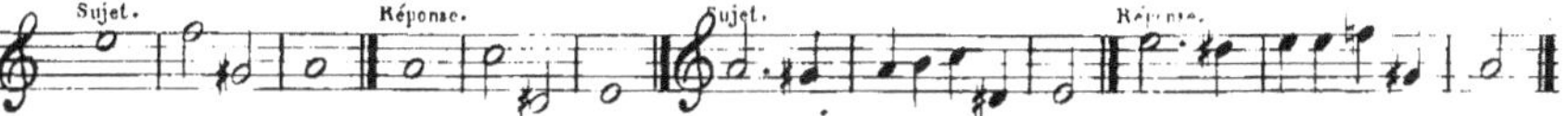

Quant aux sujets CHROMATIQUES (dont on ne fait usage que dans les fugues modernes) il faut se les représenter comme s'ils étaient DIATONIQUES.

Exemple: 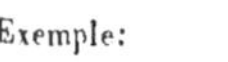

Ou on se le représente diatoniquement comme il suit: 

La réponse au N.° 2 est: 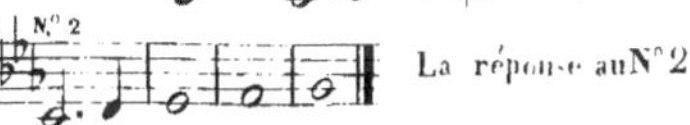

Par conséquent la réponse au N.° 1 doit être la suivante:

Voici trois autres sujets chromatiques avec leur réponse:

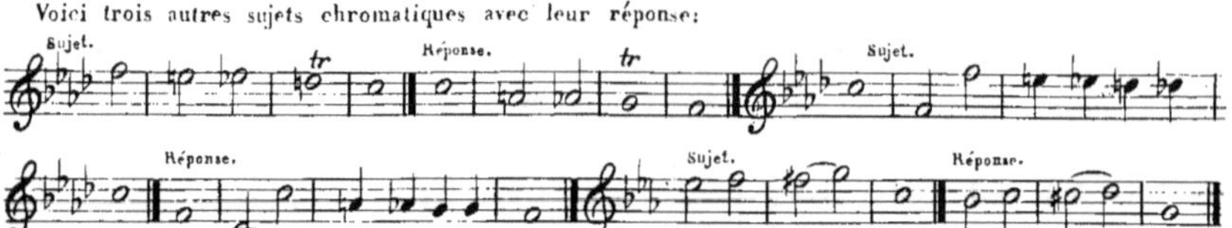

Voici les mêmes sujets (exprimés diatoniquement) également avec leur réponse, que l'on comparera avec les trois précédents:

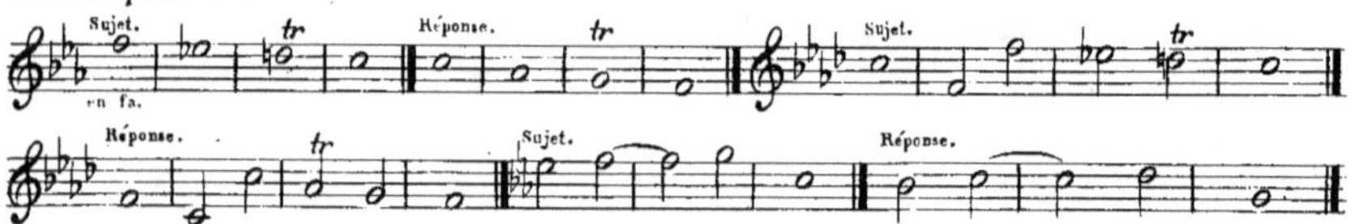

On doit toujours parfaitement bien reconnaître le sujet dans sa réponse; dans le cas contraire, la réponse serait mauvaise. Il arrive parfois que la réponse devient plus saillante que son sujet, et vice versâ.

Il y a des sujets auxquels on peut répondre régulièrement de deux ou de trois manières différentes, comme on le verra plus bas: dans ce cas on choisit la chance qui altère le MOINS le sujet.

On ne doit JAMAIS moduler à la SOUS-DOMINANTE dans la réponse. Le but de la réponse est de ramener le sujet dans le ton quand il s'en écarte; c'est pourquoi elle ne sort presque jamais des tons de la dominante et de la tonique.

Il existe des sujets auxquels il est difficile de trouver une réponse régulière; mais il n'y en a guère dont la réponse soit impossible. Au reste, quand la réponse parait trop difficile, on est le maître de retoucher tant soit peu son sujet lorsqu'on se le donne soi même, ce qui est toujours possible, et ce qui peut toujours faciliter la réponse. Et quand le sujet est donné (comme dans un concours) il doit être choisi de manière à ce que sa réponse n'offre pas de trop grandes difficultés.

On peut faire aussi la réponse par MOUVEMENT CONTRAIRE, en observant la correspondance de la tonique à la dominante, et vice versâ, par exemple:

Mais les réponses par MOUVEMENT SEMBLABLE sont toujours préférables.

Dans la fugue moderne, le sujet peut commencer et finir par quelque noté du ton que ce soit. On répond:

1.° A la seconde de la tonique par la seconde de la dominante;

2.° A la tierce de la tonique par la tierce de la dominante;

3.° A la quarte du ton par la quarte de la dominante;

4.° A la sixte du ton par la sixte de la dominante;

5.° A la 7.me ou la note sensible du ton, par la 7.me ou la note sensible de la dominante.

On répond de la sorte, à moins qu'il y ait une raison particulière qui légitime une exception, ce qui peut arriver 1.º lorsqu'on veut répondre à la dominante par la tonique, dans le courant de la réponse; 2.º lorsque le sujet module à la dominante, dans lequel cas la réponse doit toujours retourner à la tonique. Exemples:

Nous concevons facilement que les personnes qui n'ont jamais fait d'autres fugues que dans le style ancien, ne pourront guère se faire une idée juste de la possibilité de composer de fort bonnes fugues sur ces derniers sujets là.

Savoir bien faire les réponses est en même temps une affaire de tact, que l'on ne peut que très imparfaitement remplacer par des règles. A l'appui de ce qui vient d'être dit, nous donnerons ici les trois exemples suivants qui ont deux réponses régulières, mais dont l'une est bonne et l'autre ne vaut rien: or, pour pouvoir donner la préférence à celle qui la mérite, il faut que le tact et le sentiment en décident.

Pour terminer, nous donnerons une collection des sujets, avec leurs réponses plus ou moins difficiles.

Pour ramener la réponse franchement en Ré, il ne faut pas mettre le ♯ devant les trois notes marquées d'une +. Par la même raison, il faut Ré ♯ et non pas Ré ♮ au commencement de la 4.ème mesure de la réponse suivante.

N.º 3
Sujet.
tr
Réponse.
tr
En commençant cette réponse comme il suit, elle chanterait mal:
N.º 4
Sujet.
Réponse.
Cette réponse est plus franche que la suivante, elle chante mieux et retourne plus naturellement en ré:
N.º 5
Sujet.
Réponse.
N.º 6
Sujet.
tr
Réponse.
tr
N.º 7
Sujet.
Réponse.
+
+ Cette note chante ici mieux que le fa.
N.º 8
Réponse.
+ On ne peut pas remplacer ici cette note par le si♭ qui contrarierait trop le retour en ut.
N.º 9
Sujet.
Réponse.
N.º 10
Sujet.
Réponse.
N.º 11. Sujet.
Réponse.
Cette réponse ingrate n'est pas praticable en la faisant d'une autre manière.
N.º 12
Sujet.
Réponse.
N.º 13
Sujet.
Rép: 1.re version.
2.me version.
3.me version.
La 3.me version est la plus satisfaisante.
N.º 14
Sujet.
Rép: 1.re version.
En Si.

L'ut ♯ dans la 5.me mesure est nécessaire pour terminer la réponse en ré, d'une manière satisfaisante.

Il y a une grande différence entre ces trois réponses, et cependant elles sont régulières toutes les trois: la troisième est la meilleure.

Une réponse plus régulière serait la suivante, mais elle ne vaut rien, parcequ'elle défigure trop le sujet et le vieillit:

✳ Certaines personnes qui n'admettent pas plusieurs versions dans une réponse, prétendent que tout y est positif. On voit par les exemples N°s 13 et 14, qu'elles se trompent lourdement. Il y a des règles pour la réponse en général mais il n'en existe pas pour chaque note de la réponse.

Ce 24.ᵐᵉ sujet peut appartenir au ton de *mi* ou au ton d'*ut* ♯ mineur; dans les deux cas, il module de la tonique à la dominante. Si on le suppose en MI, sa réponse est la suivante:

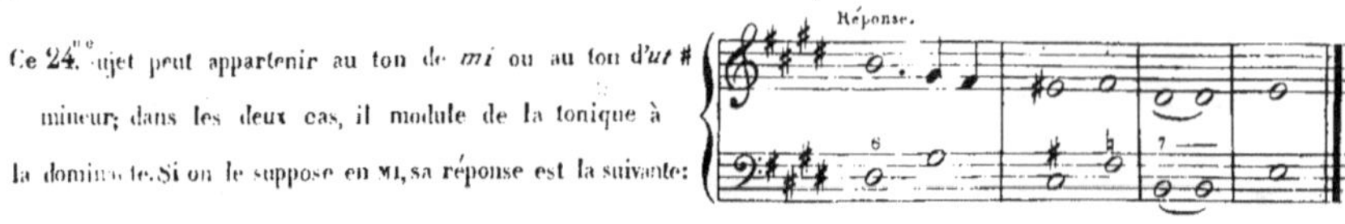

Si l'on suppose le sujet en *ut* ♯, la réponse se fera comme il suit:

Il arrive souvent qu'en mettant la réponse à la place du sujet, celui-ci peut fournir une réponse régu_lière à celle-là. Mais dans ce cas, il faut souvent aussi changer le sujet. Voici un sujet avec sa réponse:

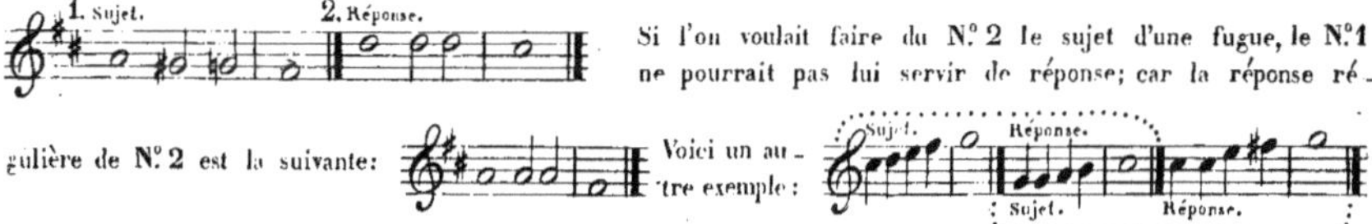

Si l'on voulait faire du N.º 2 le sujet d'une fugue, le N.º 1 ne pourrait pas lui servir de réponse; car la réponse ré_gulière de N.º 2 est la suivante: Voici un au_tre exemple:

D'après ces deux exemples, (et une grande quantité d'autres) il faut se garder de mettre en principe ou en règle générale, que le sujet et sa réponse peuvent DANS TOUS LES CAS se servir mutuellement de répon_se régulière.

III

DE LA MATIÈRE PRINCIPALE DONT LA FUGUE SE COMPOSE.

Les qualités et la nature du sujet et de la réponse se discutent seulement sous le rapport mélodique; mais le secours de l'harmonie est indispensable pour l'article que nous allons traiter.

Les imitations plus ou moins canoniques, faites avec le sujet et la réponse, sont l'âme de la fugue, et font la matière principale de cette production. Il est nécessaire que l'on se rappelle ici ce que nous avons dit dans l'article sur les imitations. Voici un sujet de fugue (pris au hasard) avec sa réponse:

Il s'agit ici de montrer ce que l'on peut entreprendre avec ce sujet pour obtenir la matière principa_le de la fugue. Les imitations dans la fugue sont de deux sortes: les premières s'appellent STRETTO, et les autres se nomment simplement IMITATIONS.

1. DU STRETTO.

Le STRETTO est un mot italien qui signifie SERRÉ, ÉTROIT. Une imitation serrée, faite avec le sujet et sa réponse (par conséquent une imitation à la quinte supérieure ou à la quarte inférieure) s'appel_le STRETTO.

L'analyse des trois exemples suivants va mieux expliquer ce qu'on doit entendre par ce mot:

En commençant une fugue, on fait entendre le sujet suivi de sa réponse (exécutée par une autre partie) à l'instar de Nº 1. La réponse compte trois mesures avant de répondre au sujet. Dans le Nº 2 la réponse ne compte que deux mesures pour répondre au sujet; on a donc ici serré l'imitation d'une mesure. Dans le Nº 3 la réponse ne compte qu'une seule mesure pour répondre au sujet; par conséquent l'imitation entre le sujet et sa réponse est ici serrée de deux mesures. En comparant au Nº 1 les Nº 2 et 3, c'est-à-dire les imitations entre le sujet et sa réponse, on trouve deux STRETTO. Nº 1 n'est que L'EXPOSITION du sujet et de sa réponse. Ainsi pour faire un stretto, il faut RAPPROCHER les notes initiales de la réponse des premières notes du sujet. Suivant que ce SERREMENT se fait à des distances plus ou moins rapprochées, on obtient plusieurs strettos dont celui qui est le plus serré est aussi le plus interressant: ainsi le Nº 3 est plus interressant que le Nº 2, quoique les deux exemples soient fort bons.

On observe assez généralement (en faisant des strettos) la règle suivante:

1º Quand le sujet commence sur un TEMPS FAIBLE de la mesure, la réponse doit l'imiter en commençant également sur un TEMPS FAIBLE;

2º Quand le sujet commence sur un TEMPS FORT de la mesure, la réponse doit l'imiter en commençant également sur un TEMPS FORT.

On observe la même règle en imitant la réponse par son sujet, ce qui a également lieu dans le courant de la fugue, comme nous le verrons.

Quand il y a deux temps forts dans une mesure, on peut *imiter* sur l'un ou sur l'autre temps, comme

Dans la mesure à trois temps, qui n'a qu'un temps fort, on n'imite le sujet que sur ce temps,

par exemple: 

On fait quelquefois une exception à cette règle en répondant au temps fort par le temps faible, et vice versâ; mais cela arrive fort rarement, et seulement dans le cas où l'on trouve (au moyen de cette licence) un STRETTO CANONIQUE et d'une harmonie correcte. Il y a des Strettos (surtout des Strettos canoniques) qui ne sont pas praticables à deux parties; ils exigent une ou deux autres parties pour les accompagner; ces parties d'accompagnement servent à rendre leur harmonie correcte, par Ex:

Le Stretto de cet exemple ne peut pas avoir lieu sans le secours d'une basse accompagnante; nous appellerons les Strettos qui exigent un accompagnement STRETTOS CONDITIONNELS.

En cherchant des Strettos, on est souvent obligé de se représenter au moins une basse pour les accompagner, sans quoi on aurait souvent de la peine d'en trouver. Cette remarque explique pourquoi il est plus facile de trouver des Strettos saillants dans les fugues à trois ou à quatre parties, que dans celle à deux parties.

Les Strettos se font de deux manières: 1.º en imitant le sujet par la réponse comme dans les exemples précédents: ceux-ci sont les plus usités; 2.º en imitant la réponse par le sujet. Le sujet des exemples précédents n'en fournit pas de cette seconde espèce, excepté le Stretto suivant, où le sujet se fait par MOUVEMENT CONTRAIRE: mais on fait peu d'usage des Strettos par mouvement contraire:

On peut faire aussi un Stretto, dans lequel le sujet ou la réponse soient en augmentation. Voici trois exemples de cette sorte de Stretto, qui s'employe très rarement:

Quant aux Strettos en DIMINUTION, on en fait à peine usage. Pour l'employer, il faut que le sujet soit composé de longues valeurs de notes, ou bien que le mouvement de la mesure soit très modéré; voici un exemple, en supposant le mouvement de la mesure un peu lent:

Remarque importante sur les Strettos en général.

Tous les exemples que nous venons de donner contiennent des STRETTOS CANONIQUES, c'est à dire que le sujet et la réponse y sont entendus en entiers et SANS INTERRUPTION. On ne peut pas prétendre que chaque sujet de fugue donne toujours ainsi des canons. Tels sujets en fournissent, tels autres sujets les refusent: dans ce dernier cas il n'y a donc pas de Strettos? il y en a également, mais ils ne sont pas ca_noniques. Un Stretto et un canon sont deux choses différentes; mais il peut se faire accidentellement qu'un Stretto soit en même temps canon; dans ce cas il est plus interressant. On fait un Stretto dès que l'on RAPPROCHE la RÉPONSE DU SUJET, et VICE VERSÂ, qu'il soit canonique ou non. D'après cette définition, il est TOU_JOURS possible de faire un ou plusieurs Strettos, n'importe le sujet de fugue et sa réponse. Prenons le sujet sui_vant qui ne donne aucun Stretto canonique:

Pour faire un Stretto avec ce sujet il faut, en l'imitant, que la réponse entre sous l'une des notes marquées d'une (1), c'est à dire sous le SI, sous le RÉ ou sous le SOL. Dans les trois cas il n'y a pas de Stretto canonique:

Ainsi il faut se résoudre à en faire qui ne soient pas de cette espèce; et voici tout simplement comment il faut s'y prendre: Là, où la partie imitante commence, (en faisant la réponse), on interrompt le sujet parcequ'il ne peut pas continuer, et l'on remplace ce que l'on en suprime par des notes accompagnantes. Voici des exemples:

On fait de même en imitant la réponse par le sujet, c'est à dire on abrège la première pour que le second puisse la serrer.

Ainsi, les Strettos sont, ou canoniques, ou ne le sont pas; on trouve souvent ceux qui sont canoniques; mais les Strettos qui ne le sont pas, sont TOUJOURS POSSIBLES; les uns comme les autres atteignent leur but, qui est la surprise, la chaleur, l'effet.

Manière de convertir en canon un Stretto quelconque.

On aime à trouver vers la fin de la fugue un canon de six ou huit et jusqu'à douze mesures: nous l'appellerons CANON FINAL. Ce canon devient plus piquant quand on y imite le sujet par la réponse, ou la réponse par le sujet. Ainsi, lorsqu'on a un Stretto canonique, on peut facilemen prolonger ce canon, d'après la manière que nous avons indiquée dans l'article sur les canons scientifiques (page 206.)On usera de la même manière à l'égard d'un STRETTO qui n'est pas canonique, en le convertissant en canon; voici un Stretto de ce genre:

2. DES IMITATIONS DANS LA FUGUE.

Lorsqu'on imite le sujet par le sujet, ou la réponse par la réponse, ce qui peut se faire à l'unisson ou à l'octave, à la seconde ou à la septième, à la tierce ou à la sixte, et même à la quarte ou à la quinte, on fait simplement des imitations et non pas des Strettos. Un sujet qui ne donne pas de Strettos canoniques, fournit souvent de ces imitations qui sont autant de petits canons, par Ex:

Dans les 5 derniers N.os on a altéré tant soit peu le sujet en faveur de l'imitation.
Toutes ces imitations peuvent s'employer avec succès dans une fugue, et y sont à leur place.

Outre les Strettos et les imitations qui sont toujours d'une ressource intarissable, on emploie aussi, et sans imitation, dans le courrant de la fugue,

1.º Le sujet par mouvement contraire;

2.º Le sujet en augmentation;

3.º Le sujet en diminution, quand cela peut se faire convenablement;

4.º Le DÉVELOPPEMENT PARTIEL du sujet, auquel nous consacrerons l'article suivant:

3. DU DÉVELOPPEMENT PARTIEL DU SUJET.

Les imitations ne se font pas toujours avec le sujet en entier, ou seulement avec les premières notes du sujet; on les fait aussi avec d'autres FRAGMENS du sujet.

On divise, sous ce rapport, le sujet en plusieurs petites parcelles; par exemple le sujet suivant:

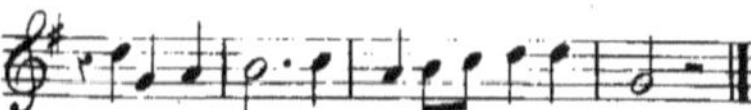

fournit au moins les six petites phrases que voici:

Chaque parcelle peut servir à faire:

1.° Des progressions (ou marches mélodiques et harmoniques);

2.° Des imitations;

3.° Des canons de plusieurs mesures. Voici des exemples:

&c.
Autre exemple.
Avec N.º 3.
Autre exemple.
Avec N.º 4.
Avec N.º 5.

Tout ce développement partiel du sujet augmente la matière fuguée et l'enrichit. Un sujet de fugue quelconque fournit par conséquent plus ou moins au compositeur,

1.º Des Strettos;

2.º Des imitations de toute espèce;

3.º Le développement partiel du sujet. Ces trois objets donnent la MATIÈRE PRINCIPALE dont une fugue se compose. Cette matière est le plus souvent si abondante qu'il faut en supprimer une partie (la moins intéressante) pour ne point allonger une fugue au delà des bornes raisonnables.

IV

DE L'ORDRE.

QUE L'ON DOIT OBSERVER EN EMPLOYANT LA MATIÈRE DONT LA FUGUE SE COMPOSE,
Ou de la fugue proprement dite.

Il y a une grande différence entre la fugue et la matière fuguée. La fugue est un cadre, un patron, une forme. qui ne change point. Cette forme n'est d'aucun intérêt en elle même. Elle est de pure convention. On peut employer la matière fuguée et ne pas faire une fugue: c'est ainsi que Haydn a fait un grand usage de cette matière dans ses quatuors et dans ses symphonies. Ce qui rend une fugue importante, c'est la matière qu'elle renferme. Mille fugues se ressemblent quant à la forme, et ne diffèrent que par la matière. La forme cesse d'être bonne dès que la matière qu'elle contient est vicieuse. Voici ce qu'il faut savoir pour faire une fugue régulière:

1.º La manière de moduler dans ce genre de musique;

2.º La manière d'exposer le sujet;

3.º Comment on doit entretenir le mouvement entre les parties;

4.º Ce que c'est qu'un épisode dans la fugue;

5.º Les différentes manières d'employer les Strettos et les imitations;

6.º Qu'une pause doit toujours précéder l'entrée du sujet et de la réponse;

7.º Placer le canon dans la fugue;

8.º Comment on fait la pédale;

9.º En quoi consiste la conclusion de la fugue;

10.º Ce que c'est que l'unité de la fugue.

On aura une idée assez claire de la marche d'une fugue à quatre parties, en se représentant une ligne sur laquelle la matière fuguée chémine à peu près de la manière suivante:

SUJET – RÉPONSE – SUJET – RÉPONSE – ÉPISODE (1). – RÉPONSE – SUJET (2). – ÉPISODE – STRETTO – ÉPISODE – STRETTO PLUS SERRÉ – ÉPISODE – STRETTO LE PLUS SERRÉ – PÉDALE – CANON ET CONCLUSION.

1. DES MODULATIONS.

Nous avons déjà observé dans le tableau comparatif de la fugue ancienne et de la fugue moderne que, dans la première, on ne doit pas sortir des tons relatifs, ou du moins ne le faire que TRÈS PASSAGÈREMENT, et surtout ne répercuter le sujet que dans ces tons. Mais dans la fugue moderne (et surtout dans la fugue instrumentale) on peut moduler dans quatre tons de plus qui, par conséquent, ne sont pas relatifs: ces quatre tons sont ceux qui ont deux diézes de plus, ou deux diézes de moins, que le ton de ré majeur ou de si mineur, en supposant que la fugue soit dans l'un de ces deux tons. En comptant les tons relatifs, on a par conséquent les dix tons suivants à sa disposition:

Les six tons relatifs.	Ré majeur, Mi mineur, Fa ♯ mineur. Sol majeur, La majeur, Si mineur;	Les quatre tons non relatifs.	Mi majeur, Ut ♯ mineur, Ut ♮ majeur, La mineur.

Cependant, on ne peut employer les quatre derniers que sous les deux conditions suivantes:

1.º Il faut que la fugue soit SUFFISAMMENT LONGUE pour les légitimer;

2.º Il ne faut rester que fort peu de temps dans chacun d'eux, et n'y pas faire de cadence.

Mais vers la fin, et dans le COUP DE FOUET de la fugue moderne, on peut toujours tenter une transition un peu forte, quand on a le talent de la justifier par un effet heureux.

---

(1) L'épisode est (comme nous le verrons plus tard), une phrase plus ou moins étrangère au sujet, et qui sert à le faire reposer
(2) La première répercussion de la réponse suivie du sujet, après le premier épisode, se nomme *contre - exposition.*

2 DE L'EXPOSITION DE LA FUGUE.

On appelle exposition de la fugue, la manière de faire entrer (au commencement du morceau) chaque partie, et l'ordre dans lequel doivent se présenter et se suivre, pour la première fois, le sujet et sa réponse. La fugue est ou à deux, ou à trois, ou à quatre parties et plus.

A deux PARTIES.

L'une des deux parties entre seule par le sujet; l'autre la suit en faisant la réponse; elle est accompagnée par la précédente.

Exposition à deux.

A trois PARTIES.

1.re version. L'une des trois parties entre seule par le sujet; la seconde, faisant la réponse, la suit; la 3.me vient ensuite en répercutant le sujet; elle est accompagnée par les deux précédentes.

A trois.

2.me version. L'une des trois entre par le sujet; la seconde la suit, faisant également le sujet; la troisième vient après, en exposant la réponse.

Une autre à trois.

✳ Nous indiquerons par le mot VOCALE, les exemples qui sont faits pour des voix, et par le mot INSTRUMENTALE ceux qui sont destinés aux instrumens.

A quatre PARTIES.

La meilleure exposition à quatre parties est la suivante: l'une des quatre entre seule par le sujet; la seconde (accompagnée par la précédente) entre par la réponse; la troisième (accompagnée par les deux précédentes) entre par le sujet; la quatrième entre par la réponse; elle est accompagnée par les trois précédentes, ou au moins par deux des trois précédentes.

A quatre parties.

Comme l'on entend dans cette exposition deux fois le sujet et deux fois la réponse, on s'arrangera (autant que possible) pour que le sujet et la réponse se fassent la seconde fois OCTAVE PLUS HAUT ou OCTAVE PLUS BAS que la première fois. Ce que l'on obtiendra facilement, dans la fugue vocale, en mettant le sujet dans le SOPRANO et le TENOR, et la réponse dans L'ALTO et la BASSE. Si cette version ne va pas, on fera le contraire; l'une des deux manières est toujours possible. ∗

Voici l'exposition précédente, mais dans laquelle on a ajouté deux CONDUITS HARMONIQUES, dont l'un après la première entrée de la réponse, et l'autre après la reprise du sujet.

Exposition avec deux conduits.

∗ Le Soprano et le Tenor ont la même étendue, à la distance d'une octave; il en est de même entre l'Alto et la Basse. Ainsi donc, quand le sujet dépasse le MEDIUM du Soprano on choisit la 1.re version; dans le cas contraire, on prend la 2.e

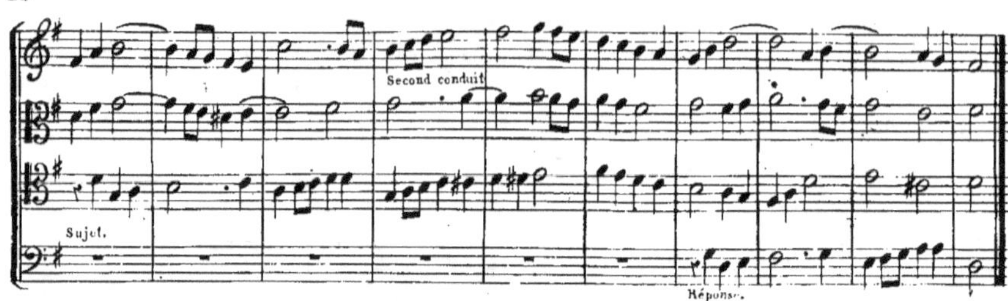

Le premier de ces conduits ne peut avoir lieu qu'APRÈS LA PREMIÈRE RÉPONSE. On fait en général peu d'u _
sage des conduits dans l'exposition. Dans tous les cas il faut qu'ils soient très courts: 2 mesures suffisent.

Il arrive parfois que la réponse ne commence pas sur le MÊME TEMPS de la mesure que le sujet, comme

par ex:

Mais cela ne peut guère avoir lieu dans l'exposition, que dans la double mesure à quatre temps, com_
me dans l'exemple précédent, sauf dans la fugue des mouvements ANDANTE, LENTO ou ADAGIO, dans lequel
cas le 3.me tems (de la mesure simple à quatre temps) peut répondre au premier, ou le 4.me au second;
mais en employant les Strettos et les imitations dans le courrant de la fugue, le sujet et la réponse se
trouvent fréquemment placés sur d'autres temps de la mesure, ce qui leur donne parfois une face qui
semble appartenir à un tout autre chant, comme par exemple:

3. DU MOUVEMENT QUE L'ON DOIT ENTRETENIR ENTRE LES PARTIES.

Pour que la fugue ne languisse pas, et pour qu'elle ne perde pas un certain degré de chaleur
qui lui est nécessaire, on prescrit la règle suivante:

Il faut que les temps de la mesure (surtout les temps forts) soient constamment frappés ou atta_
qués, n'importe dans quelle partie. Le sujet et sa réponse font exception, QUAND ILS NE SONT PAS ACCOM-
PAGNÉS. Voici un petit tableau qui indique les temps à frapper, selon la mesure, et le mouvement de la mesure:

On peut frapper plus de notes dans toutes ces mesures, mais on n'en doit pas frapper moins. Les exceptions à cette règle sont:

1°. Le commencement d'un Stretto ou d'une imitation serrée avec le sujet, lorsqu'ils ne sont pas ac_compagnés par une ou par deux parties ajoutées, par exemple:

Mais si une partie accompagnait ce Stretto, il faudrait qu'elle marquât le troisième temps dans les trois premières mesures, où ce temps est indiqué par une +, par Ex:

2°. Les deux, trois ou quatre dernières mesures finales, quand on désire terminer la fugue d'une manière large, comme cela se fait quelquefois dans les fugues vocales, surtout dans celle du style rigoureux.

Ex:

4. DES ÉPISODES.

On appelle épisode, la portion de la matière fuguée qui n'est pas essentielle dans la fugue, et que l'on pourrait à la rigueur suprimer. Ainsi, par exemple, on fait un épisode là, où l'on n'employe point le sujet ou la réponse, soit par mouvement semblable ou par mouvement contraire; soit en aug_mentation ou en diminution, ou bien quand on ne fait pas un Stretto ou une imitation serrée et cano_nique avec le sujet ou la réponse. Le développement partiel du sujet peut également compter parmi les épisodes, surtout lorsqu'il ne se fait pas avec la tête du sujet ou de la réponse.

Les épisodes servent à faire reposer le sujet et sa réponse, pour les reprendre après avec plus d'intérêt. Ils peuvent aussi contribuer à donner plus de variété à une fugue.

Les épisodes sont de deux espèces: les plus estimés sont ceux que l'on fait avec le développement partiel du sujet; ces épisodes sont plus favorables que les autres pour entretenir l'unité dans la fugue; mais ils donnent moins de variété; les autres sont ceux, dont on invente la matière: ils jettent plus de variété dans la fugue. Un épisode, que l'on invente de la sorte, doit cadrer avec le reste de la fugue, avoir un air de famille: on y doit retrouver les mêmes valeurs de notes, les mêmes dessins et le même caractère.

Comme les épisodes sont des objets accessoires, il ne faut pas les prodiguer: cinq ou six suffisent dans une longue fugue. Les épisodes COURTS sont les meilleurs: il y en a de deux jusqu'à seize et vingt mesures; il ne faut pas surpasser ce dernier nombre. On verra des exemples d'épisodes dans les fugues analysées qui suivront cet article.

5. DIFFÉRENTES MANIÈRES D'EMPLOYER LES STRETTOS ET LES IMITATIONS.

Il faut au moins DEUX *parties* pour rendre un Stretto: mais le même Stretto peut aussi avoir lieu entre TROIS ou QUATRE PARTIES et plus. Quand le Stretto se fait entre plus de deux parties, ces parties s'imitent ou à DISTANCE ÉGALE, ou à DISTANCE INÉGALE.

C'est ainsi qu'un Stretto se fait dans une fugue à deux parties. Mais ce même Stretto pourrait avoir lieu aussi dans une fugue à trois ou à quatre parties: dans ce cas, on accompagne le Stretto par les parties qui ne le font pas. L'harmonie est alors à trois ou à quatre parties, et le Stretto ne se fait qu'entre deux parties. Mais quand trois parties participent au Stretto, comme dans l'exemple suivant, il faut entendre successivement: sujet – réponse – sujet:

Ce Stretto est à distance inégale, parceque l'Alto ne compte qu'une seule mesure pour répondre au Soprano, tandis que la Basse en compte deux pour répondre à l'Alto. Si la basse ne comptait aussi qu'une seule mesure, avant de répondre à l'alto, ce Stretto serait à distance égale, par exemple:

Les Strettos, ou les imitations serrés à distance égale, entre trois ou quatre parties, ont toujours beaucoup de chaleur. On comprend facilement que ces Strettos ne peuvent pas être des canons à trois ou à quatre parties, et qu'il est très rare qu'un sujet de fugue en fournisse. Mais un Stretto (ou imitation) entre deux parties seulement peut souvent devenir canonique, comme nous l'avons déjà observé. Dans ce cas, on fera toujours bien de l'employer avant de faire un Stretto entre trois ou quatre parties. Voici un Stretto serré à distances égales entre quatre parties:

Voici encore un exemple où l'on trouve deux Strettos; le premier entre le Soprano et la Basse, le second entre le Ténor et l'Alto. Mais ils sont si bien enchaînés, que les deux n'en font qu'un seul, entre quatre parties.

Avec un sujet long, on peut faire deux, trois ou quatre Strettos.[*] Un sujet fort court n'en fournit souvent qu'un seul: dans ce cas, le compositeur peut employer le même Stretto plusieurs fois, mais chaque fois avec une nouvelle modification: ainsi, par exemple, dans une fugue à quatre parties, il présentera son Stretto la première fois entre la basse et le soprano; la seconde fois entre l'alto et le ténor, et en changeant les parties accompagnantes, quand cela se peut; la troisième fois il en fera un entre trois parties; la quatrième fois il le fera entre quatre parties; la cinquième fois il imitera la réponse par le sujet &c.

[*] Dans ce cas, le 2.^d Stretto sera plus serré que le 1.er, le 3.me plus que le 2.^d et ainsi de suite.

52

Le Stretto le plus serré (n'importe s'il est à distance égale ou inégale) entre toutes les parties de la fugue, est le Stretto principal. On le place, comme le plus interressant, vers la fin de la fugue, immédiatement avant ou après la pédale. Quelquefois on en met un avant et un autre après la pédale; dans ce cas il faut que les deux diffèrent entre eux, soit par la disposition des parties, soit en imitant dans l'un le sujet par la réponse, et dans l'autre la réponse par le sujet.

6. DES PAUSES QUI DOIVENT PRÉCÉDER LE SUJET ET LA RÉPONSE DANS LE COURRANT DE LA FUGUE.

Pour que le sujet et la réponse ne se confondent pas avec les notes accompagnantes qui les précèdent dans le courrant de la fugue, on recommande de faire précéder l'un et l'autre par quelques pauses, chaque fois que l'on attaque le sujet et sa réponse: Ces pauses ont encore l'avantage de faire ressortir avec plus d'éclat et d'intérêt les répercussions du sujet et de la réponse. Cependant il est difficile et souvent même impossible d'observer toujours cette règle. Mais au moins il faut le faire quand cela se peut, surtout après un épisode, durant lequel le sujet avec sa réponse se sont reposés: et dans ce cas il est toujours facile de l'observer. On ne peut rien prescrire sur la durée de la pause; quelquefois elle est de plusieurs mesures, et fort souvent elle est très courte, comme par exemple dans les Strettos très serrés entre toutes les parties, ou dans les imitations serrés, faites avec le sujet.

On recommande aussi, qu'après un silence de plusieurs mesures, la partie qui compte des pauses, rentre par quelque chose qui tienne au sujet ou à sa réponse, comme par les premières notes de l'un des deux, ou au moins par une parcelle du sujet. Mais quand ce silence est très court, c'est-à-dire d'un, de deux, ou de trois soupirs, il n'est pas nécessaire d'observer cette règle. Au reste, on trouvera des exemples sur tout cela dans les fugues suivantes.

7. DU CANON DANS LA FUGUE.

On aime à trouver un canon vers la fin de la fugue. Quand il a lieu, on le place le plus souvent après la pédale. Ce canon est quelquefois en même temps un Stretto à deux, ou bien une imitation exacte n'importe quel intervalle; ou enfin, c'est un Stretto tourné en canon, comme nous l'avons indiqué dans l'article sur le Stretto.

8. DE LA PÉDALE DANS LA FUGUE.

Nous avons donné, dans notre cours d'harmonie pratique, la définition de la pédale, et les règles à observer sous le rapport de l'harmonie. Voici des renseignements sur la matière que l'on doit placer sur une pédale employée dans la fugue. On ne fait guère une pédale que dans les fugues à plus de trois parties. Cette pédale a toujours lieu SUR LA DOMINANTE DU TON PRINCIPAL DE LA FUGUE. On la place vers la fin et avant la conclusion du morceau.

Tout ce que l'on entreprend avec le sujet et qui produit quelque effet, peut trouver sa place sur la pédale: ainsi on peut y faire usage des Strettos courts et fréquents, des imitations avec le sujet, plus ou moins canoniques, des développements partiels du sujet, comme des progressions &c: des combinaisons avec les sujets par mouvement contraire, ou avec le sujet en augmentation ou en diminution. Quelquefois ce n'est que la matière d'un épisode inventé qui fait les frais de la pédale.

Souvent aussi on supprime la pédale, surtout dans les fugues instrumentales, et particulièrement dans celles composées pour le Piano.

Il y a trois manières de terminer la pédale:

1°. On l'arrête par un point d'orgue sur l'accord parfait majeur de la dominante: cela se fait surtout quand elle est suivie par un canon, ou par un Stretto entre toutes les parties;

2°. On la résout sur l'accord de la tonique, en guise de cadence parfaite; ou bien

3°. On la résout en guise de cadence rompue, comme ci - dessous, où la basse peut monter ou descendre sur l'une des sept notes qui suivent le dernier accord de la pédale:

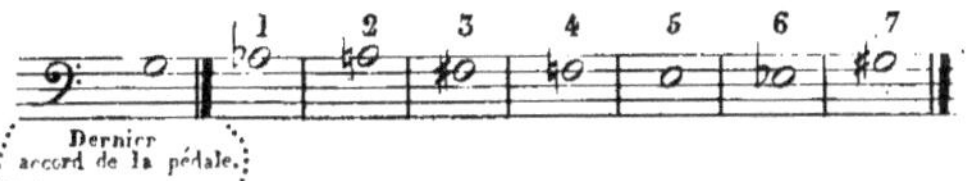

9. DE LA CONCLUSION DE LA FUGUE.

Lorsqu'on a employé ce qui est le plus interressant, fait avec le sujet et la réponse, la fugue penche naturellement vers la fin: tout le reste peut être considéré comme faisant partie de la conclusion. Celle-ci doit contenir quelque chose de saillant, mais qui se rattache franchement à ce qui la précède, comme par exemple:

1°. Un canon bien distinct de huit à seize mesures;

2°. Un nouveau Stretto, fort serré, entre toutes les parties de la fugue;

3°. Le sujet en augmentation, accompagné par des imitations ou par une harmonie interressante; enfin

4°. Une transition heureuse et inattendue, surtout dans la fugue moderne.

Quand la fugue est vocale, accompagnée par l'orchestre, une CODA (ou COUP DE FOUET) peut produire un très grand effet, et couronner la fugue de la manière la plus heureuse: une coda de ce genre dépend de l'inspiration et du génie.

10. DE L'UNITÉ ET DE LA VARIÉTÉ DANS LA FUGUE.

La fugue est une production tout-à-fait scientifique; et telle qu'on la compose (soit dans le style rigoureux, soit dans le style moderne,) elle court d'un mouvement continu, sans repos rhythmiques, sans divisions de phrases et périodes. Privée ainsi de ces qualités, elle intéresse en général plutôt l'esprit que le sentiment. Cependant, j'en ai entendu (dans le mouvement lent) qui ont vivement touché tout l'auditoire; et une fugue dont le sujet est imposant, qui a de l'energie et de la franchise, peut intéresser tout le monde.

Aucun genre de musique n'est susceptible d'autant d'unité que la fugue. Voici comment on peut obtenir et entretenir cette unité. L'exposition d'une fugue, à quatre parties par exemple, doit (comme nous l'avons déjà dit) se faire de la manière suivante:

1°. Sujet seul, par conséquent sans nul accompagnement;

2.º Réponse, accompagnée par une partie;

3.º Sujet, accompagné par deux parties;

4.º Réponse, accompagnée par deux ou par trois parties.

Or, dans cette exposition, on a 1.º le sujet avec sa réponse, qui doivent signifier quelque chose, produire une sorte d'impression et avoir un certain caractère; 2.º un genre d'accompagnement que l'on adopte, selon son goût et son génie. Cet accompagnement renferme une sorte de dessin; il est fait avec quelques valeurs de notes que l'on a choisies. Le tout ensemble doit nécessairement produire un genre d'effet: c'est cet effet que l'on doit entretenir jusqu'à la fin de la fugue, pour ne pas pécher contre la règle d'unité.

Principe fondamental.

L'exposition est le régulateur de tout le reste de la fugue, sous le rapport du caractère, du mouvement dans les parties et des dessins d'accompagnement. Ce sont surtout LES MÊMES VALEURS DE NOTES qu'il faut conserver. Si donc, par exemple, des noires sont les valeurs les plus courtes dans l'exposition, il ne faut pas que le compositeur introduise plus tard des croches. Si dans l'exposition il juge à propos d'employer des croches en accompagnant le sujet et sa réponse, ou si le sujet lui même en contient, il peut et doit reproduire des croches durant la fugue entière; mais qu'il se garde d'y mêler des doubles-croches, ou enfin d'autres valeurs que l'on n'a pas entendues dans l'exposition, sauf des valeurs plus longues.

En résumé, la fugue peut contenir des valeurs plus longues que celles employées dans l'exposition, mais elle ne doit pas en contenir de plus courtes. Une fugue, par exemple, dont l'exposition est très animée, peut contenir un couple d'épisodes plus calmes, que l'on effectue avec des valeurs un peu moins accélérées; mais le contraire ne doit jamais avoir lieu dans une bonne fugue.

Pour obtenir la variété dans la fugue, voici ce qu'on doit observer:

1.º Il faut éviter de RÉPÉTER dans le courrant de la fugue la MÊME CHOSE dans le MÊME TON, sans une nouvelle disposition des parties, ou sans renversement; enfin il ne faut rien reproduire DEUX OU TROIS FOIS sans changement;

2.º Il faut moduler FRÉQUEMMENT; et comme dans le courrant d'une fugue on revient souvent dans le même ton, il faut que cela se fasse de différentes manières: par exemple, si l'on arrivait cinq fois en sol majeur, (dans une fugue en ut majeur) on pourrait faire cinq modulations différentes, selon le ton qui précède sol majeur: par exemple:

A, D'ut en sol; B, de ré en sol; C, de mi en sol; D, de fa en sol; E, de la en sol.

Il est clair que si le compositeur arrivait cinq fois en sol, en partant toujours de La, il ferait cinq fois la même modulation, ce qui ne pourrait pas manquer de devenir monotone.

3.º Il faut varier les épisodes, qui font reposer le sujet et la réponse.

On obtient encore de la variété dans un mélange heureux de l'harmonie à deux, à trois et à quatre parties.

Après tous les éclaircissemens que nous venons de donner sur la matière fuguée, sur la forme et les propriétés de la fugue, tant ancienne que moderne, nous passerons à l'analyse de ses différens genres. Il y en a à deux, à trois, à quatre et jusqu'à huit parties

On appelle FUGUES SIMPLES, celles qui sont faites avec un seul sujet; les FUGUES DOUBLES ont deux sujets, mais il y en a aussi à trois sujets et plus. Les fugues sont vocales ou instru_mentales; ou bien vocales et instrumentales à la fois, comme par exemple la plus grande partie des fugues vocales accompagnées par l'orchestre.

V

ANALYSE

DES FUGUES SIMPLES A DEUX, A TROIS ET A QUATRE PARTIES.

Les fugues à deux parties sont fort rares; elles n'offrent qu'un faible intérêt. En voici une pour deux voix.

※ La contre-exposition (comme nous l'avons déjà observé) se fait en commençant par la réponse suivie du su_jet. On la place toujours après le premier épisode. La contre-exposition n'est pas de rigueur. On peut la rempla_cer en promenant le sujet dans les différens tons relatifs, et en le mettant successivement dans les différentes parties. Dans ce cas, l'épisode après l'exposition n'est pas nécessaire.

Une fugue à deux voix pourrait acquérir un degré d'intérêt de plus, en l'accompagnant par u‑ne basse faite sous les conditions suivantes:

A. Il faut que la fugue soit sous tous les rapports si bien faite, qu'elle puisse se passer de cet‑te partie ajoutée;

B. Cette basse ne participe pas à la fugue; elle n'en fait entendre ni le sujet, ni la réponse, et par conséquent elle n'imite rien. Son but est de rendre l'harmonie plus complette, plus claire, plus intéressante, et de donner à la fugue plus de mouvement et plus de chaleur. Voici la fugue pré‑cédente avec une basse d'accompagnement:

Fugue vocale à 2, accompagnée d'une basse non obligée.

Sujet.
tr
Tasto solo.

Une fugue instrumentale à deux, peut acquérir plus d'intérêt, même sans le secours d'une basse a_joutée; car on peut choisir un sujet brillant, vif, original et rempli de chaleur. On trouve de ces fugues instrumentales à deux parties dans notre ouvrage intitulé: ÉTUDE DU GENRE FUGUÉ POUR LE PIANO. Voici deux exemples de fugues à trois parties.

Fugue à 3 parties.

※ Ces petits épisodes ne peuvent avoir lieu qu'après l'entrée de la seconde partie, mais jamais à la fin du sujet exposé par la 1.re partie, sauf 2, 3 ou 4 notes tout au plus, que cette 1.re partie peut faire de tems en tems, pour remplir la pause qui pourrait avoir lieu entre le sujet et la réponse.

Sujet en Mi ♭.
Sujet en Ré ♭.
Sujet en Si ♭.
Episode de 5 mesures.
Stretto de 8 mesures entre les 3 parties.
Pédale de 6 mesures.
Canon de 10 mesures.
Conclusion.
tr

Fugue instrumentale

à 3, dans le style moderne.

✳ L'harmonie est ici à 4 parties.

Quand on fait une fugue à 3 parties pour le Piano ou pour l'Orgue, on est libre d'ajouter par-ci parlà une partie de plus. Cette partie étant accessoire, ne compte pas dans la conception de la fugue.

Voici maintenant des fugues simples à quatre parties, analysées.

Fugue simple à 4.

✕ Dans la Contre-exposition il suffit de faire entendre une seule fois la réponse et le sujet.

Sujet.
Sujet.
Réponse.
Episode de 8 mesures.
Imitation a l'octave avec le sujet.
Sujet.
Sujet par M! contraire.
Sujet.
Réponse.
Sujet.
Episode de 2 mesures.
Réponse.
Sujet.
Réponse.
Episode de 3 mesures.
Réponse.
Imitations
Imitation avec la réponse par M! contraire.
Réponse.
Réponse par M! contr:
Réponse.
Episode de 2 mesures.
Sujet.
avec le Sujet par M!ts contraire et semblable.
Stretto de

Sujet.
5 mesures.
Réponse.
Episode de 7 mesures, où l'on a employé le sujet en augmentation.
Sujet en augmentation.
Réponse.
Sujet.
Sujet.
Sujet.
Pédale de 15 mesures, faite avec des imitations et de petites phrases épisodiques.
Sujet.
Sujet.
Canon de
Réponse.
tr
tr
tr
8 mesures entre le Soprano et le Ténor.
Conclusion.
Sujet.

Z. 55.(2)

Fugue à 4.

Vocale.
Sujet.
Réponse.
Exposition de 8 mesures.
Sujet.
Réponse.
Allegro non tropo.
Imitation avec le sujet entre l'alto et le soprano.
Imitation entre le tenor et le soprano.
Réponse suivie d'un court épisode.
Imitation plus serrée entre le tenor et le soprano.
Même imitation entre le tenor et l'alto.
Imitation la plus serrée entre la basse et le soprano.
Même imitation entre la basse et le tenor, suivi d'un court épisode.
Soprano
Alto.
Tenor.
Basse.

✳ Nous disons MÊME IMITATION parcequ'elle a lieu à la même distance que la précédente, quoiqu'il y ait
différence d'intervalles entre les deux.

Cette fugue, comme on le voit, n'est composée que d'imitations de toute espèce, et faites toutes avec le sujet: On peut l'appeler, par cette raison, FUGUE D'IMITATION.

La fugue suivante est remarquable en ce que le Soprano n'y fait que répéter sans cesse les 6 notes de la réponse.

* Le sujet en diminution n'est employé ici qu'à cause du mouvement modéré de la fugue.

Fugue à 4 parties,

dans laquelle le Soprano est restreint aux seules notes de la réponse. �

✶ FRESCOBALDI, célèbre Organiste du 17.me siècle, a composé une fugue de ce genre.

Réponse.
Episode de 9 mesures.
Réponse.
Sujet transposé.
Réponse.
Episode de 8 mesures.
Episode de 9 mesures.

Réponse en diminution.
Réponse.
Stretto entre les 4 parties.
Réponse en diminution.
Sujet.
Réponse.
Sujet en diminution et par M.t contraire.
Sujet.
Sujet en diminution et par M.t contraire.
Réponse en augmentation.
Réponse transposée.
Pédale.
Réponse en diminution.
Réponse en valeurs primitives.
Conclusion.
Ritardando.

Règle à observer en croisant les parties.

Il arrive souvent que les parties se croisent, c'est-à-dire que le Soprano fait quelquefois des notes qui sont plus graves que celles du contre-alto, ou que le contre-alto en fait qui sont plus basses que celle du tenor, ou bien que le tenor devient parfois plus grave que la basse-taille. Dans ce dernier cas, (où le tenor croise la basse,) il en peut résulter des inconvenients majeurs sous le rapport de l'harmonie. Ce cas présente les trois chances suivantes:

Dans le N.º 1, le tenor, étant plus grave que la basse-taille, donne à l'harmonie la plus mauvaise basse possible, parce qu'elle n'est composée que de quartes. Cette faute d'ailleurs ne peut être commise que par des écoliers ignorants. Pour corriger cet exemple, il faudrait ou que la basse-taille chantât octave plus bas, ou que le tenor chantât octave plus haut, ce qui reviendrait au même.

N.º 2 est également mauvais, avec la différence cependant, que le tenor y fait au moins une basse correcte à l'harmonie, mais la basse-taille y est traitée en partie INTERMÉDIAIRE. Quand la basse-taille est traitée de la sorte, elle chante dans ses cordes hautes, et d'une manière sonore et éclatante, tandis que le tenor (faisant la basse) chante dans ses cordes graves, qui sont au contraire faibles et peu sonores. Par conséquent, le tenor donne une basse trop faible pour soutenir l'harmonie: notez encore, que dans les chœurs, les basses-tailles (comme partie la plus importante de l'harmonie) sont toujours plus nombreuses que les tenors: au grand opéra de Paris, il y a quatorze basses-tailles contre huit tenors. Et que deviendra cette basse-taille traitée comme partie intermédiaire, si les contres-basses de l'orchestre la doublent, comme cela se pratique si souvent de nos jours? Le volume de son des basses-tailles est trop puissant en comparaison de celui des tenors, pour que ces derniers puissent servir de basse, lorsque les premières sont traitées en parties intermédiaires. C'est bien différent lorsque les basses-tailles se taisent; dans ce cas les tenors soutiennent très bien les contre-altos et les sopranos. L'exemple N.º 2, qu'il faut défendre sévèrement d'après les raisons précédentes, est souvent pratiqué par Palestrina, dans sa musique d'église; mais ses compositions étant purement vocales, les C-Basses ne pouvaient pas y doubler les B-tailles.

Ainsi pour ne pas se tromper en croisant la basse, il faut que les deux parties qui se croisent soient traitées l'une et l'autre comme deux basses correctes, contre les autres parties. Cette règle est observée au N.º 3. On l'observera de même entre l'alto et le tenor, quand ces deux parties se croisent en accompagnant des voix plus hautes, et lorsque les basses-tailles se taisent. Mais lorsque la basse est correcte, les autres parties peuvent se croiser sans difficulté, pourvu que cela se fasse avec connaissance de cause et en évitant des quintes et des octaves défendues.

Il est également permis de croiser les altos avec les violoncelles de l'orchestre, LORSQUE LES CONTRE-BASSES doublent les violoncelles, ce qui se fait à l'otave plus bas, comme tout le monde sait. Par exemple, le N.º 1 deviendrait bon en doublant la basse à l'octave comme il suit: parce que le tenor se trouvant placé entre les deux basses, redevient partie intermédiaire.

Encore une remarque: si le N.º 1 était exécuté par des voix et par l'orchestre EN MÊME TEMPS, il n'y aurait pas de faute, quant à l'orchestre, à cause des contre-basses; mais il y en au-rait toujours une entre les voix, qui n'auraient qu'une basse faible et fautive, parce que l'orchestre ne corrige qu'imparfaitement les fautes entre les voix, par rapport à la grande différence qui existe entre leur timbre et celui des instrumens; rappelons nous d'ailleurs que l'harmonie des voix, n'importe le nombre des parties, DOIT ÊTRE TOUJOURS CORRECTE, ABSTRACTION FAITE D'UN ACCOMPAGNEMENT INSTRUMENTAL QUELCONQUE.

Notice sur ce que l'on appelait jadis fugue du ton, fugue réelle et fugue d'imitation.

FUGUE DU TON.

Les véritables fugues du ton se faisaient, avant le 18.ᵐᵉ siècle, tout à fait dans l'esprit de l'ancien plain-chant, et sous les conditions suivantes:

1.º Le sujet avec sa réponse ne devaient pas surpasser les limites d'une octave, comme dans l'exemple suivant, où l'un et l'autre restent entre les deux toniques ut:

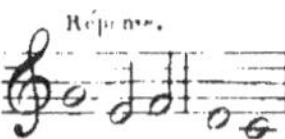

Voici un autre exemple où le sujet et sa réponse sont renfermés entre les deux dominantes:

Pour pouvoir observer cette première règle, il a fallu choisir des sujets qui ne parcourussent que quatre à cinq degrés tout au plus, en allant de la tonique à la dominante, comme dans les deux exemples précédents.

2.º On était obligé de rester constamment dans les cordes primitives du ton: c'est par cette raison que le morceau s'appellait FUGUE DU TON. On se rappellera que les anciens tons d'église n'avaient nul accident à la clef. Ainsi donc, on ne pouvait introduire ni dièze ni bémol, non seulement dans le sujet et la réponse, mais pas même dans le courrant de la fugue. A cette règle il n'y avait que les trois exceptions suivantes:

A On permettait l'ut ♯ dans l'accord pénultième, quand la fugue était dans le ton DORIEN;

B On permettait le sol ♯ dans l'accord final, lorsque la fugue était dans le ton PHRYGIEN;

C On permettait, le fa ♯ dans l'accord pénultième, quand la fugue était dans le ton mixo-lydien.

Ces exceptions étaient commandées par la nécessité d'obtenir une cadence finale satisfaisante.

Ne pouvant pas rafraichir les cordes primitives par les accidents (les ♯ et les ♭), et varier suffisamment le morceau par des modulations, ces fugues étaient ordinairement courtes. Voici l'exemple d'une fugue semblable:

Fugue du ton,

Dans le mode Lydien, en fa, mais en évitant le si ♭.

Réponse.
Imitation à la 3ce
Stretto le plus serré entre
les 4 parties.
Épisode de 5 mesures.
Sujet.
Sujet.
Réponse.
Pédale.
Canon entre le Ténor et le Soprano, 8 mesures.
Sujet et conclusion.
Z. 55. (2)

Les italiens, jadis, appelaient en même temps un pareil morceau, FUGA RICERCATA (fugue recherchée) quand toute la matière fuguée y était tirée du sujet, consistant en force imitations, strettos et canon.

On ne compose plus de fugues dans le genre dont nous parlons: mais, selon le sujet, on fait quelquefois encore la réponse d'après la règle de la fugue du ton.

Il serait bon que nos jeunes compositeurs, qui ne savent pas faire une demi douzaine de mesures sans moduler, s'exersassent une année au moins sur la fugue du ton.

FUGUE RÉELLE.

Pour distinguer la fugue moderne (tant dans le style rigoureux que dans le style libre) de la fugue ancienne du ton, le père Martini l'appellait FUGA RÉALE (fugue réelle,) vraisemblable ment parce que la réponse s'y fait souvent sans nul changement, sauf la transposition: sans cette raison, le choix du mot RÉELLE ne serait ni heureux ni spirituel.

FUGUE D'IMITATION.

Les anciens donnaient souvent aussi le nom de fugue à des canons ou à des morceaux canoniques. Et comme on pouvait faire des canons à toute sorte d'intervalles, il en résultait des réponses irrégulières à la seconde, à la tierce, à la quarte et enfin à un intervalle quelconque. Pour distinguer ces soit-disant fugues des deux précédentes, on les nommait FUGUES D'IMITATION.

Ainsi, en répondant irrégulièrement au sujet, n'importe à quel intervalle, on fait une fugue d'imitation, ce qui ne peut avoir lieu de nos jours que dans le COURRANT des fugues, attendu que l'on n'appelle plus FUGUE ce qui n'est qu'un canon.

Comme on ne compose plus des fugues du ton, et que l'on ne donne plus le nom de fugue à de simples canons, les dénominations FUGUE DU TON, FUGUE RÉELLE et FUGUE D'IMITATION ne sont actuellement d'aucune nécessité, et ne servent qu'à embrouiller nos traités.

VI

DES FUGUES À PLUS D'UN SUJET.

Une fugue peut avoir deux, trois ou quatre sujets différens. Quand elle en a deux, on l'appelle FUGUE DOUBLE, ou à deux sujets; quand elle en a trois, on la nomme FUGUE À TROIS SUJETS; quand elle en a quatre, on la nomme FUGUE À QUATRE SUJETS, et ainsi de suite.

1. DE LA FUGUE DOUBLE.

La fugue double se fait avec deux sujets. L'un des deux est le sujet principal, ou premier sujet; l'autre est un sujet secondaire, qu'on appelle SECOND SUJET ou CONTRE-SUJET. Nous appellerons le premier tout simplement SUJET, et l'autre CONTRE-SUJET. En les indiquant par les chifres, le chifre 1. représente le sujet et le chifre 2, représente le contre-sujet. On invente d'abord le sujet principal; dans les concours de composition on le donne. Anciennement il consistait dans quelques notes de plain-chant. On cherche ensuite le contre-sujet au moyen du contre-point double à l'octave, ou des contre-points à la 10.me ou à la 12.me Celui à l'octave est préférable, il est presque le seul dont on se sert à présent.

L'un des deux sujets entre toujours un peu plus tard, c'est ordinairement le contre-sujet: il doit y avoir une différence sensible entre les deux sujets. Au reste, voyez ce que nous avons dit sur le contre-point double à deux parties et sur les deux sujets du modèle, car presque tous les exemples que nous y avons donnés peuvent servir à faire des fugues doubles.

Le sujet principal (ou sujet donné) doit avoir une réponse régulière. Quant à la réponse du contre-sujet, elle n'est pas assujettie aux mêmes règles, et n'éprouve que les changemens que l'harmonie peut exiger: comme la réponse du contre-sujet accompagne celle du sujet principal, il faut bien que la première éprouve des modifications, lorsque celle-ci en éprouve elle-même. Par exemple:

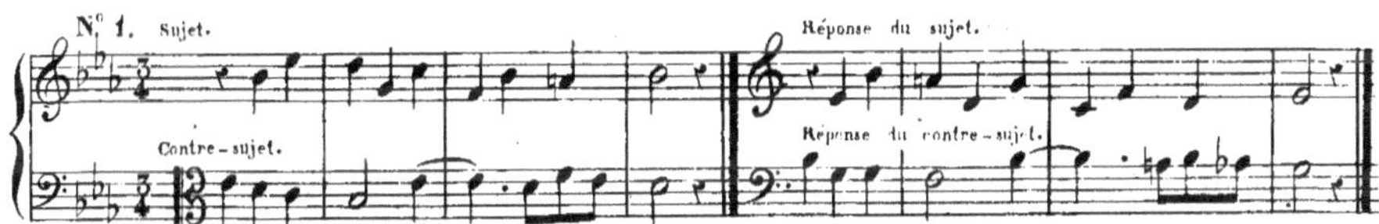

La réponse du sujet précédent éprouve deux changemens dans la 1.ʳᵉ et dans la 3.ᵐᵉ mesure; la réponse du contre-sujet en éprouve également deux, et aux mêmes endroits, parce que l'harmonie l'exige. Les changemens dans la réponse du contre-sujet éprouvent quelquefois des difficultés. Par exemple:

Même exemple, mais avec le contre-sujet retouché pour obtenir une réponse convenable.

La réponse du contre-sujet dans l'exemple N.º 2 n'est pas bonne, quoique harmoniquement prise et le pourrait servir à la rigueur, comme les chiffres qui sont placés dessus, l'indiquent. Mais la réponse du sujet qui entre sur une dissonnance très dure (mi ♭ ré ♮) ne peut pas avoir lieu, surtout dans la fugue vocale où elle est impraticable; ensuite la terminaison de la réponse du contre-sujet est dure, mal chantante, désagréable et par conséquent vicieuse. Que faire dans ce cas, ne pouvant changer ni le sujet principal, ni sa réponse? Il faut RETOUCHER le contre-sujet comme au N.º 3, ou le faire à peu près comme on le voit au N.º 1. Le compositeur est le maître de changer le second sujet ou d'en concevoir un autre, ce qui est toujours possible, attendu qu'on peut créer deux, trois, quatre contre-sujets différens et plus, et ensuite, en choisir un qui soit convenable sous tous les rapports.

Après avoir réglé les deux sujets, ainsi que leur réponse, on prépare la matière de la fugue.

Les strettos, les imitations et le développement partiel se font particulièrement avec le sujet principal, c'est à dire avec celui qui a une réponse régulière; mais on peut aussi entreprendre ce travail avec le contre‑sujet, lorsqu'on le juge à propos: c'est surtout dans le cas où le contre‑su‑jet, fournit une matière plus abondante, plus interressante, plus originale que le sujet principal. Si par exemple le sujet principal était du plain‑chant, il faudrait de préférence employer le contre‑su‑jet, qui peut être plus interressant, aux imitations et aux développemens partiels. La matière fuguée que les deux sujets fournissent est fort souvent trop abondante; dans ce cas on choisit ce qui est le plus saillant, en renonçant au reste.

Les deux sujets marchent le plus souvent ensemble; mais il est permis, dans le courrant de la fugue, et après l'exposition, de les traiter isolément aussi, pourvu qu'ils se réunissent de temps en temps. Voici les combinaisons dont les deux sujets, réunis et isolés, sont en général susceptibles: 1.° Les deux sujets réunis, tels qu'on les a conçus en les créant, s'emploient dans l'exposition, dans la contre‑exposition, et puis après, une couple de fois dans la suite. Voici deux sujets qui nous serviront à donner les exemples nécessaires sur les différentes combinaisons dont ils sont susceptibles:

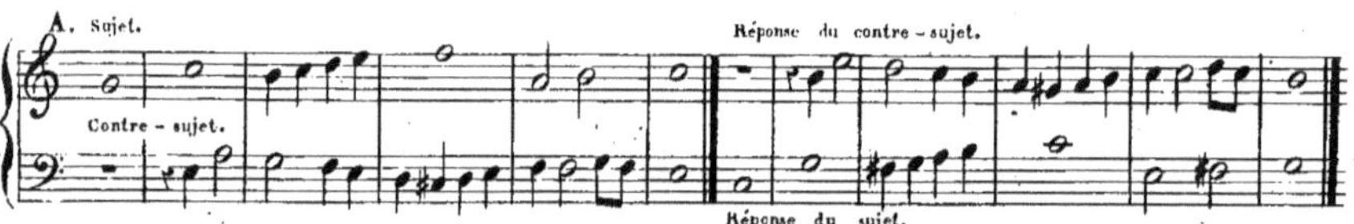

Dans cet exemple, le contre‑sujet entre une mesure plus tard que le sujet principal. La réu‑nion de deux sujets a donc lieu ici à la distance d'une MESURE, que nous appellerons par cette raison DISTANCE PRIMITIVE. Il arrive quelquefois que l'on change cette distance dans le courrant de la fugue, c'est à dire que le contre‑sujet, pour se réunir au sujet, entre plus tard ou plus tôt que dans l'origine, par exemple:

℁ Cette note est fa ♯ dans l'origine; mais dans cette sor‑te de combinaison, on prend indifferemment fa ♮ ou fa ♯, selon que l'harmonie l'exige.

✳ Il est clair que le contre‑sujet, dans ce cas, n'a pas besoin de faire les mêmes notes que dans l'exemple A: il suffit que le C.‑sujet se reconnaisse.

Dans l'exemple B, le contre-sujet n'entre que trois mesures plus tard, et dans l'exemple C il entre déjà dans la première mesure, pour s'unir avec le sujet. Les deux sujets sont en contre-point DANS LEUR DISTANCE PRIMITIVE (comme dans l'ex: A,) parce qu'il faut les renverser. C'est à cette dernière distance qu'on les emploie dans l'exposition de la fugue, et le plus souvent aussi dans la contre-exposition. Mais quand la distance primitive est changée (comme dans l'ex: B et C,) les deux sujets n'ont pas besoin d'être en contre-point, parce qu'il n'y a pas d'obligation de les renverser dans ce cas là. C'est avec ces distances accidentelles que l'on peut aussi employer la réunion des deux sujets dans le courrant de la fugue.

On peut aussi réunir les deux sujets en mettant l'un en augmentation ou en diminution, ou en employant l'un par mouvement contraire, n'importe la distance. Par exemple:

Dans toutes ces exemples (où les deux sujets ne se trouvent pas en contre-point) il n'est pas nécessaire, et même il est souvent impossible d'employer les sujets en entiers. Il suffit d'en prendre les premières mesures, ou les premières notes. Voici les autres combinaisons:

2.º Le sujet isolé, c'est à dire sans être accompagné du contre-sujet.

3.º Le contre-sujet seul, c'est à dire séparé du sujet principal. On sépare un sujet de l'autre, de temps en temps, pour l'accompagner par une harmonie plus variée et plus libre.

4.º Les Strettos ou imitations avec le sujet principal seul, comme dans la fugue simple.

5.º Les Strettos ou imitations avec le sujet principal, mais accompagné par le contre-sujet. Par exemple:

6.° Les strettos ou imitations avec le contre-sujet seul, comme dans la fugue simple.

7.° Les strettos ou imitations avec le contre-sujet, mais accompagnés du sujet principal. Par exemple:

8.° Les développemens partiels avec le sujet principal seul, comme dans la fugue simple.

9.° Les développemens partiels avec le sujet principal, mais accompagnés du contre-sujet. Par exemple:

On réalise cette proposition assez facilement en accompagnant le contre-sujet par un fragment du sujet principal en imitation.

10.° Les développemens partiels avec le contre sujet seul, comme dans la fugue simple.

11.° Les développemens partiels avec le contre-sujet, mais accompagnés du sujet principal. Par exemple:

On réalise cette proposition assez facilement en accompagnant le sujet par un fragment du contre-sujet en imitation, comme dans l'exemple **précédent**.

12° Strettos ou imitations, ou développemens partiels avec les deux sujets en même temps, ce qui donne par conséquent un double-Stretto, ou une double-imitation, ou un développement double. Par ex:

Observation sur les douze numéros précédents.

Il est important pour un compositeur de connaître toutes ces combinaisons; mais il n'est pas toujours possible, ni nécessaire, de les employer toutes dans une fugue, sans la prolonger outre mesure. Les deux sujets ne se prêtent pas toujours à ce nombre de combinaisons. Ainsi, il suffit d'en employer seulement une partie; celle par exemple qui est la plus saillante, ou celle à laquelle les deux sujets se prêtent le mieux.

De l'exposition d'une fugue à deux sujets.

La meilleure exposition d'une fugue à deux sujets et à quatre parties est la suivante:
1° On fait d'abord entrer successivement les quatre parties avec le sujet principal, comme dans la fugue simple, et d'après la même règle. Par exemple:

2.º On revient ensuite sur ses pas pour accompagner le sujet par son contre - sujet, et faire a-vec celui-ci ce qu'on a fait avec le premier. Par exemple:

Dans cette exposition chaque partie fait entendre les deux sujets. Ainsi dans une fugue dou-ble, il y a deux expositions simultanées.

3.º On revient pour la seconde fois sur ses pas, pour remplir les mesures vides, en y mettant des notes accompagnant les deux sujets pour compléter plus ou moins les accords et entretenir le mouvement. En cherchant cet accompagnement, il faut observer:

A Que l'on doit d'abord entendre les deux sujets seuls, sans nul autre accompagnement;

B Qu'une partie quelconque ne peut s'annoncer pour la première fois qu'avec l'un de deux sujets;

C Que chaque répercussion de l'un ou de l'autre sujet doit être précédée (autant que possible) d'un silence;

D Que cet accompagnement doit être fait avec une grande simplicité pour ne pas nuire aux sujets, et pour ne pas faire soupçonner plus de deux sujets.

Ces deux sujets doivent attirer continuellement l'attention sur eux, et prédominer sans cesse durant la fugue entière. Aussi est-il nécessaire que le compositeur ne néglige rien pour les rendre intéres-sants: lorsque les sujets sont manqués, on peut dire hardiment que la fugue l'est également.

Quand le sujet principal d'une fugue vocale parcourt une étendue de notes assez considérable, (par exemple celle d'une octave) il est bon que le contre-sujet en ait une moins grande (de
4.te, de 5.te, ou tout au plus de 6.te,) sans quoi l'on s'expose (surtout en promenant les sujets
dans les différents tons relatifs) à outre-passer le diapason naturel des voix, c'est-à-dire les
faire chanter trop haut ou trop bas, sans compter le croisement des parties qui en résulte, surtout lorsque le contre-point des sujets est à la 15.me au lieu d'être à l'octave. C'est par cette
raison que les deux sujets se croisent momentanément dans l'exposition précédente, en partant de
la première réponse. Quoique cela ne soit pas une faute, il vaut mieux l'éviter quand on le peut.
Voici une autre exposition (faite toujours d'après les mêmes principes) avec les deux sujets précédents, conçue de manière à ce que les sujets ne se croisent pas. On y a ajouté les accompa-
guemens nécessaires:

Il faut éviter aussi, autant que possible, qu'un sujet, en entrant, fasse l'unisson avec l'une des
autres parties, parce qu'alors il se confond trop avec elle, ce qui nuit à l'éclat avec lequel il doit
chaque fois s'annoncer: mais il est impossible d'observer toujours cette règle; l'exposition précédente
en donne la preuve. Dans la 11.me et la 16.me mesures de cette exposition, le sujet et sa réponse en-
trent sur un unisson, inconvénient qui n'existe pas dans l'exemple A. Malgré ces petites licences
les deux expositions sont bonnes, et nous les avons choisies pour avoir l'occasion de faire ces remarques sur l'unisson et sur le croisement des deux sujets. On évitera l'un et l'autre quand on le
pourra sans faire des sacrifices plus importants.

Nous sommes maintenant à même de pouvoir analyser la double-fugue suivante, qui a remporté
le prix de composition à l'école royale de musique et de déclamation à Paris, en 1822. Elle est
de M.r DANIEL IELENSPERGER, mon élève.

Z. 55. (2)

Fugue double.

dont le 1er sujet a été donné par le jury pour le concours de fugue.

Les deux sujets sont indiqués par les chiffres 1 et 2, dans le courant de la fugue.

Fin de l'exposition.
Episode de 13 mesures.
Contre-exposition de 10 mesures
Réponse
Episode de 5 mesures
1
2
1
2

Z.55.(2)

Les deux sujets transposés en La mineur
Épisode de 4 mesures
Imitations entre la basse l'alto et le
exprimé sur le 1er sujet. 8 mesures.
Épisode de 4 mesures
1er Stretto entre les 4 parties. 8 mesures.

Les épisodes de cette fugue sont toutes faites avec des fragmens du sujet donné.

Z.55.(2)

On voit, par cet exemple, que la fugue double et la fugue simple suivent toutes deux la même coupe, qui consiste toujours en exposition, contre-exposition, Strettos et imitations plus ou moins serrés, pédale et conclusion; le tout entre-coupé par des épisodes pris dans les sujets, ou inventés.

On peut aussi modifier une fugue à deux sujets de la manière suivante:

1°. L'exposition avec le sujet principal seul, comme dans la fugue simple; un épisode suit cette exposition.

2°. La contre-exposition avec le contre-sujet seul, suivie d'un épisode; ensuite;

3°. La réunion des deux sujets,[*] dont la répercussion se fera dans quelques tons relatifs; après quoi les Strettos, ou les imitations, la pédale et la conclusion. Voici un exemple de fugue double dans ce genre, dont les deux sujets sont:

Fugue à 2 sujets.

---

[*] Sans faire une troisième exposition.

[**] Cet épisode est ici plus long qu'à l'ordinaire; c'est pour éloigner davantage le contre-sujet du sujet principal.

Contre_exposition avec le 2me sujet seul.15 mesures.
2
C. Sujet
Réponse
2
2
1
Réunion de 2 sujets durant 11 mesures
Episode de 4 mesures.
2

Cet épisode passe dans plusieurs tons qui ne sont pas relatifs; mais cela n'a lieu que très passagèrement, et sans la répercussion de sujet: sous ces deux conditions, on peut le faire quand l'occasion s'en présente.

Stretto entre le soprano et le tenor
Stretto serré avec le contre-sujet et entre les 4 parties
1
Canon de 10 mesures entre le
tenor et le soprano.
Réunion de 2 sujets et Conclusion
Z. 55. (2)

Cette version, en exposant chaque sujet isolément avant de les réunir, jette plus de variété dans la fugue double.

Nous avons dit plus haut, que les deux sujets peuvent être aussi en contre-point à la 10.me, ou en contre-point à la 12.me

2. DE LA FUGUE EN CONTRE-POINT À LA DIXIEME.

Il existe peu de fugues en contre-point à la 10.me Cependant, une fugue de ce genre peut devenir intéressante quand on a le bonheur de trouver un contre-point saillant, et que l'on sait en tirer un parti avantageux. On n'a jamais donné des règles sures pour exposer et pour conduire cette sorte de fugue. Elles sont cependant faciles à prescrire. Voici deux sujets, pour une fugue instrumentale, en contre-point à la 10.me ou plutôt en contre-point à la 17.me

Le contre-sujet joue un rôle assez remarquable dans la réponse ci dessus. Pour se convaincre que c'est la vraie réponse, il suffit de se rappeler que, dans ce contre-point, la sixte devient 5.te en se renversant.※ 2. Par conséquent, la sixte SOL-MI, au commencement du sujet, donne la quinte SI-FA, au commencement de la réponse: et ainsi de suite.

Les TRIOS que ce contre-point fournit, sont toujours au nombre de quatre. Par exemple:

※ 1. C'est le sujet principal, ou le sujet donné, qui doit avoir une réponse régulière. Le contre-sujet fait sa réponse selon la nature du contre-point.

※ 2. Voyez l'article sur ce contre-point.

※ 3. Il y a ici *Si* ♮ tandis que cette note est si ♭ dans l'origine. On peut altérer ainsi une note du contre-sujet dans ce contre-point, lorsque la circonstance l'exige: on se trouve ici en ut mineur par l'addition de la basse, qui double le sujet à la 3^ce inférieure, ce qui légitime cette altération.

Ce sont ces quatre Trios qui font partie de la matière d'une fugue à la 10.me

L'exposition à quatre parties de cette fugue doit se faire comme il suit:

1.° Les deux sujets sans renversemens et seuls;

2.° La réponse en contre-point, renversé à la 10.me et accompagnée par une 5.me partie;

3.° Les deux sujets sans renversement, et accompagnés par une 5.me partie;

4.° La réponse en contre-point, renversé à la 10.me et accompagnée par une ou 2 parties.

La contre-exposition n'est pas obligatoire; mais lorsqu'elle a lieu, on commence par la réponse en contre-point renversé à la 10.me suivie de deux sujets sans renversement.

Il est bon de choisir le sujet principal de manière à ce qu'il n'éprouve pas de changemens dans la réponse.

L'exposition faite, on tâche de tirer parti des quatre Trios, qu'on sépare par de courts episodes. Ensuite viennent les Strettos, les imitations, la pédale &c.&c. Voici une fugue analysée en contre-point à la 10.me, faite avec les deux sujets précédens.

Fugue double en contre-point à la 10.me

74
Episode de 6 mesures
Un trio du contre-point
1er Sujet doublé par des 10mes
Episode de 2 mesures.
2me Trio du contre-point
1er Sujet doublé par des 10mes
7.55 (2)

Troisième trio du contre-point.
Episode de 2 mesures
Second sujet doublé par des tierces
Episode de 2 mesures
Quatrieme trio du contre point
Second sujet double par des tierces
Episode de 2 mesure
Canon entre les 2 violons

tr
Stretto canonique entre l'alto et le violoncelle

F Le 1er sujet par m¹ semblable et par m¹ contraire
P
F
Episode de 8 mesures
F
P
tr
P
tr
tr
P

3. DE LA FUGUE À LA DOUZIÈME.

On fait l'harmonie de deux sujets en contre-point à la 12.ᵐᵉ (Voyez l'article sur ce contre point.).

L'exposition à quatre parties doit être en contre-point à la 12.ᵐᵉ, et conçue de la manière suivante:

1.º Les deux sujets en contre-point non renversé;

2.º La réponse, en renversant le contre-point à la 12.ᵐᵉ

Le sujet principal doit avoir une réponse régulière.

3.º Les deux sujets sans renversement;

4.º La réponse, en renversant le contre-point. Lorsque la contre-exposition a lieu, elle se fait comme il suit:

A. Les deux sujets en réponse, et le contre-point renversé;

B. Les deux sujets en contre-point non renversé. On ne fait usage du contre-point, dans le courant de la fugue, que lorsqu'on emploie les deux sujets réunis. Ce contre-point éprouve différentes modifications par les parties accompagnantes qu'on lui ajoute. Voici deux sujets en contre-point à la 12.me qui serviront à faire la fugue instrumentale suivante:

La réponse du contre-sujet, dans ce contre-point, joue un rôle également remarquable: il n'y a pas la moindre différence entre le contre-sujet et sa réponse.

Fugue à la 12.me

Les 2 sujets transposés en Sol
Contre-exposition
Episode de 4 mesures
Suite de la contre exposition
Les 2 sujets transposés en Fa
Episode de 4
mesures
Les 2 sujets

*1 Contre-point veut dire ici, les deux sujets réunis, tels qu'ils ont été conçus dans l'origine.

*2 Il se trouve accidentellement que ce contre-point à la 12me se laisse en même temps renverser à l'octave.

Épisode de 6 mesures
Imitation serrée entre les 2 violons
Imitation serrée entre le violon et l'alto
Sujet par mt contraire et Conclusion.
F

De toutes les fugues à plus d'un sujet, celles à deux sont pour les auditeurs les plus clai_res, les plus faciles à saisir.

4. DE LA FUGUE À TROIS SUJETS.

La fugue à plusieurs sujets devient illusoire si ces sujets ne diffèrent pas suffisamment en_tre eux. La fugue à trois sujets n'est pas plus difficile à faire que celle à deux. Les su_jets une fois trouvés, on peut dire que la moitié de la fugue est faite. Pour faire une fugue à trois sujets, il faut dans ce cas, que l'harmonie soit en contre-point triple. Voyez l'article sur ce contre-point.

Tout ce que nous avons dit sur la fugue double est en même temps applicable à celle à trois sujets, sauf que le 3.me sujet participe également aux combinaisons de la matière fuguée. On emploie les trois sujets réunis dans l'exposition, dans la contre-exposition et encore trois ou quatre fois dans le courrant de la fugue. De temps en temps on emploie aussi un sujet isolément, ou bien on n'en prend que deux: le premier et le second, ou le premier et le 3.me ou le second et le 3.me Pour faire des épisodes, on choisit une parcelle du premier, ou du second, ou du 3me sujet, ou bien on fait un travail canonique avec deux parcelles différentes, &c: &c:

Les strettos se font avec le SUJET PRINCIPAL (choisi ou donné), parce qu'il a toujours une répon_se régulière. Les imitations se font indifféremment avec un sujet quelconque; il en est de même des doubles imitations, faites avec des parcelles de sujets.

La meilleure exposition d'une fugue à quatre parties et à trois sujets est la suivante:

1.° Les trois sujets réunis;

2.° La réponse avec les trois sujets réunis;

3.° Les trois sujets réunis, mais chaque sujet à une autre octave que la première fois;

4.° La réponse avec les trois sujets réunis, mais chaque sujet a un autre octave que dans la répon_se précédente.

Il faut que chaque partie fasse entendre successivement les trois sujets dans le courrant de cette exposition. Le contre-point offre toutes les facilités pour renverser les parties, qui peuvent se croiser quand on le juge à propos. On a vu que dans la fugue DOUBLE on faisait deux exposi_tions SIMULTANÉES; ici on fait TROIS expositions SIMULTANÉES, par Ex:

✳ Le sujet principal est ici indiqué par le chiffre 2. parce qu'il n'est pas le premier entrant, ce qui ar_rive souvent quand il est précédé d'une pause, dans lequel cas l'un des contre-sujets peut entrer avant lui, ce qui fait qu'on l'indique par le chiffre 1.

En analysant cette exposition, on trouve que chaque sujet y est exposé comme dans une fu_gue simple. L'ordre dans lequel chaque partie y fait successivement les trois sujets est le suivant:

Soprano: second sujet, premier sujet, 3.me sujet;

Contre-alto: premier sujet, 3.me sujet, second sujet;

Tenor: 3.me sujet, second sujet, premier sujet;

Basse-taille: second sujet, premier sujet, 3.me sujet.

Les mesures dans lesquelles on ne trouve ni pauses ni notes, peuvent contenir des notes ac_compagnant le contre-point, par Ex:

On fait un épisode après l'exposition pour arriver à la Contre-exposition, lorsqu'on désire en faire une; elle se fait comme il suit:

1.° La réponse avec les trois sujets réunis;

2.° Les trois sujets.

Dans la contre-exposition, on dispose les parties autrement que dans l'exposition primitive. Par ex:

Après la contre-exposition, on emploie les Strettos, les imitations, le dévelopement partiel, la pédale, le canon, suivi de la conclusion. Dans le courrant de ce travail, la réunion de trois sujets doit avoir lieu 2 ou 3 fois au moins.

Nous allons analyser la fugue suivante de A: BARBEREAU, mon élève, qui a été couronné à l'institut de france 1824.

Fugue à 3 sujets. ※ 2.

※ 1. C'est-à-dire qu'il ne faut pas répéter EXACTEMENT ce que l'on a déjà entendu précédemment.
※ 2. Les sujets sont indiqués par les chifres 1, 2, 3. Le premier est le sujet donné par le juri.

Épisode de 7 mesures, fait avec le 3me sujet
3me Sujet en augmentation
Les 3 sujets en Ut
Épisode de 2 mesures fait avec une
parcelle du 1er sujet
Les 3 sujets en Ré
Épisode de 3 mesures fait avec le 3me sujet et une parcelle du 1er sujet
Les 3 sujets en Sol
Épisode de 4 mesures, fait avec une parcelle du 1er et du 3me sujet

Réponse.
Sujet.
1er Stretto entre les 4 parties.
Sujet.
Réponse.
Épisode de 4 mesures, fait
avec 2 parcelles du 1er sujet.
Sujet.
2me Stretto.
Sujet.
Réponse.
Réunion des
Réponse.
Sujet.
Sujet.
Réponse.
Réponse.
3 sujets.
Pédale.
Conclusion.

Outre une fugue semblable (pour laquelle un juri donne le premier sujet), les élèves qui con_
courent pour le grand prix de composition à l'institut, sont tenus de faire aussi une cantate dra_
matique à grand orchestre.

Voici un autre exemple analysé d'une fugue à trois sujets. Il est de M. TURINA, mon élève, cou_
ronné à l'institut de france, en 1819.

Fugue à 3 sujets.

3.
1
Réponse transposée, avec les trois sujets.
Episode de 6 mesures, fait avec une parcelle du 3e sujet.
1.
Les 3 sujets transposés.
2
3
3
1
Réponse transposée.
Episode de 8 mesures,
2
fait avec le 3me sujet.

1er Sujet transposé.
1er Sujet transposé.
Épisode de 6 mesures, fait avec une parcelle du 2me sujet.
Imitation à l'octave avec le 1er sujet.
Sujet transposé.
Épisode de 5 mesures fait avec le 2me sujet.

Imitation avec le 1er sujet, 5 mesures.
Les 3 sujets transposés.
Episode fait avec une parcelle du 1er et du 2me sujet, 5 mesures.
Les 3 sujets transposés.
Episode de 3 mesures.
Pédale de 10 mesures.

Réponse.
1er Sujet en diminuant.
Sujet.
Sujet.
Stretto entre les 4 parties.
Sujet.
Réponse.
1.
1.
Canon entre l'alto et le tenor.
Imitation avec le 1er sujet.
Réponse.
1.
1.
1.
Conclusion.
1.

Quand on fait une fugue instrumentale à trois sujets, on peut donner plus de ressort à son imagination, moduler plus hardiment, donner plus de mouvement, plus de vie à la fugue, créer des sujets plus neufs et plus saillans &c. Nous allons donner un exemple analysé de cette sorte de fugue, dont les trois sujets sont les suivants:

La réponse, comme on le voit, n'éprouve point de changement.

Outre ce contre-point triple, on a fait sur les premières huit notes du sujet principal un

contre-point à la 10.me à quatre parties, par ex:
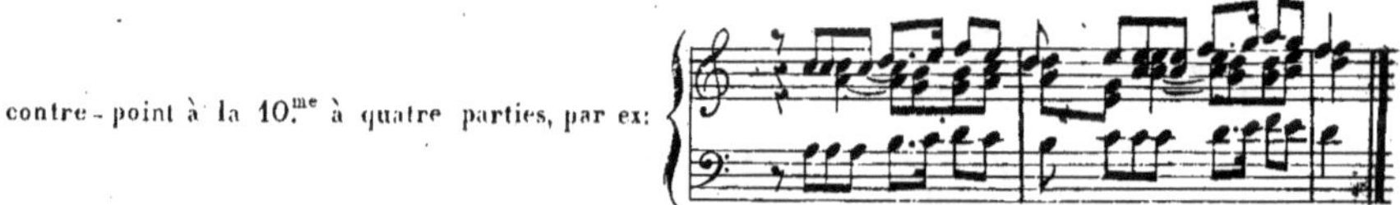

Ce contre-point à la 10.me à quatre parties donne des duos, des trios et des quatuors, dont on a fait usage dans les épisodes de cette fugue.

Fugue à 3 sujets.

Le plan de cette exposition, quoique peu usité, est également bon, surtout lorsqu'il y a une différence marquante entre les 3 sujets: il est conçu de la manière suivante:

1.er sujet seul——La réponse avec le 1.er et le 2.d sujet——La réunion des 3 sujets, 2 fois de suite.

Encore une fois la réunion des 3 sujets, mais avec une autre disposition des parties.
Episode de 7 mesures en Contrep: à la 10me
Réunion des 3 sujets. 4 mesures.
Episode de 9 me
sures.

Réunion des trois sujets, 5 mesures.
Épisode de 8 mesures.
Réunion des 3 sujets, 5 mesures.

Episode de 15 mesures.
Réunion des 3 sujets sur la pédale.
courte.
Réunion des 3 sujets.
Pédale.

La règle qui prescrit de faire précéder les sujets par quelques pauses, n'a été que rare‑ment observée dans cette fugue. Il est toujours possible de faire compter les parties avant de reprendre un sujet; mais il en résulte souvent des inconvenients qui sont:

A. D'ajouter des mesures qui ne sont pas nécessaires;

B. De rendre trop souvent l'harmonie incomplette;

C. De diminuer ou d'interrompre la chaleur.

C'est pour éviter ces inconvenients que l'on n'a pas observé strictement cette règle dans la fugue précédente. Au reste, cette règle n'est point fondamentale; aussi éprouve‑t‑elle des exceptions fréquentes, surtout dans les répercussions serrées des sujets.

5. DE LA FUGUE À PLUS DE TROIS SUJETS.

Nous avons une grande quantité de fugues simples et de fugues doubles. Celles à trois su_
jets sont plus rares. On pourrait bien s'arrêter aux trois sujets et ne pas surpasser cette
quantité, car les fugues à plus de trois sujets auront toujours l'inconvénient d'être trop compli_
quées, sans avoir ni une harmonie plus riche, ni un plus grand intérêt que celles à deux ou à
trois sujets. Les sujets une fois trouvés, il n'est pas plus difficile de faire une fugue à qua_
tre sujets, que d'en créer une bonne à deux ou à trois. Il est sans doute plus difficile de com_
poser à cinq, six, sept ou huit parties réelles, qu'à quatre parties; car pour faire des fugues à
plus de trois sujets, il faut augmenter le nombre des parties: mais, qu'est-ce qui empêche un
compositeur de faire une fugue simple, ou double, ou à trois sujets, à plus de quatre parties,
s'il a l'ambition ou le désir d'en faire l'harmonie à cinq, six, sept, ou huit parties? Une fu_
gue double, comme une fugue à six sujets, peut avoir lieu à sept ou à huit parties. Cepen_
dant, pour que rien ne manque à notre traité, nous donnerons des exemples analysés d'une fu_
gue à quatre, à cinq et à six sujets.

A quatre sujets.

Les quatre sujets doivent être en contre-point quadruple*. Voyez l'article sur ce contre_
point. Il est avantageux que le nombre des parties surpasse celui des sujets, sans quoi on n'_
aura jamais les accords complets en réunissant les quatre sujets, attendu que l'harmonie est tou_
jours incomplète dans le contre-point triple et quadruple. Une ou deux parties, accompagnant
le contre-point, ont l'avantage d'en modifier et d'en varier les fréquentes répercussions, indis_
pensables dans une fugue.

Le sujet principal doit avoir une réponse régulière. L'exposition avec les quatre sujets ré_
unis, se fait à l'instar de celle d'une fugue à trois sujets, c'est à dire: sujets-réponse--sujets-
réponse. La fugue marche comme si elle était à trois sujets, excepté que le quatrième
participe également (plus ou moins) aux combinaisons de la matière fuguée.

Voici une fugue à quatre sujets et à cinq parties: elle est de Mr. L: A: SEURIOT, mon élève.

* Nous verrons plus tard, que l'un des quatre sujets n'a pas besoin d'être toujours en contre-point

F.
F.
Les 4 sujets.
F.
F.
F.
Réponse avec les 4 sujets.
Episode de 9 mesures, fait avec des parcelles du 2me et du 4me sujet.
tr

P.
P.
FP.
FP.
FP. Réunion du 1er et du 2me sujets, 5 mesures.
Episode de 14 mesures, fait avec une parcelle du 2me sujet, et accompagné vers la fin du motif principal.
cres.
cres.
cres.
cres.
E.
E.
E.
E.

*   Il ne faut pas confondre cette parcelle avec les 4 premières notes du 2d sujet, qui marchent chromatiquement, tandis que celle-là procède diatoniquement.

mesures du 2!me sujet, par mou-
vement contraire.
mouvement contraire, 6 mesures.
Double imitation de 10 mesures, faite avec des parcelles
du 1er et du 2!me sujet.
F. Progression, faite avec une parcelle du 2!me sujet, 6 mesures.
F.
F.
F.
F.

P. Double imitation de 8 mesures.
tr
P.
P.
tr
P.
tr
F.
F.
F.
F.
F. Episode de 7 mesures pour amener le Stretto suivant.
Stretto de 9 mesures entre 4 parties.
FF. P.
P. Sujet principal.
FF. P.
Réponse.
FF. P.
P.
FF. P.
FF P.
tr
P.
FF. P.

Double imitation, faite avec des parcelles du 1er et du 4me sujet, 11 mesures.
Réunion des 4 sujets en Ré.
Episode de 5 mesures.
E.
E.
E.
E.
Pédale, sur laquelle les parties font
rE.
tr

des imitations avec des parcelles du 1er et du 2me sujet, 12 mesures.
rF. rF. rF. rF. rF. rF
Stretto, mais plus
rF. rF. rF. rF.
serré. 6 mesures.
P.
rF.
rF.
rF. Episode, fait avec des parcelles du
rF.
Z.55.(2)

rF.
rF.
P.
F.
F.
rF.
P.
F.
2me et du 4me sujet, 12 mesures.
rF.
rF.
F.
F.
cres.
FF.
cres.
FF.
cres.
FF.
cres.
FF. Imitation
tr
cres.
FF.
tr
FF.
FF.
tr
FF.
tr
FF.
du 1er sujet entre les 5 parties pour terminer.

Voici encore un exemple d'une fugue vocale à 4 sujets, mais dont le 3.ᵐᵉ sujet n'est pas en contre-point, comme on peut le voir en examinant ces 4 sujets:

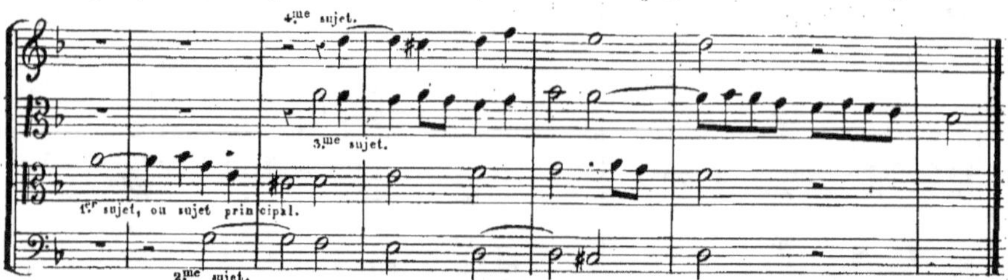

Selon le plan de cette fugue, le 3.ᵐᵉ sujet doit se trouver continuellement dans la MÊME PARTIE INTERMÉDIAIRE, (dans le premier Contre-Alto) et par conséquent, il ne doit servir nulle-part de basse: Il eut été donc inutile de le mettre en contre-point.

Nous remarquerons aussi que ce 3.ᵐᵉ sujet monte par degrés 6 fois de suite, ce qui lui donne à chaque répercussion un nouvel éclat. Pour que ce sujet soit encore plus apparent, il faut (en l'exécutant) le doubler à l'unisson ou à l'octave par quelques instrumens à vent, ou bien le faire exécuter par de jeunes garçons, placés à une certaine distance du Chœur.

Les sujets sont indiqués dans l'analyse suivante par les chifres 1, 2, 3, 4.

3.me sujet seul.
Episode de 5 me_
sures, fait avec une parcelle du 3.me sujet.
2.
1.
Réunion des 4 sujets.
3.
Episode de 6 mesures, fait avec une parcelle du 1.er sujet.

Réunion des 4 sujets.
Imitations canoniques avec le
Réunion des 4 sujets.
4me sujet.
Imitations canoniques avec la tête du 3me sujet.

Réunion des 4 sujets.
Imitations canoniques avec le 2.me sujet.
Réunion des 4 sujets.
1er sujet par M. contraire.
Pédale.

※ Dans ce 1.er Stretto on entend deux fois de suite le sujet, et deux fois de suite la réponse. Cette version est également bonne.

A cinq sujets.

En ajoutant aux combinaisons de la fugue à quatre sujets un sujet de plus, on obtient une fugue à cinq sujets. Il n'est pas nécessaire, pour inventer les cinq sujets, d'employer un contre-point quintuple: le contre-point quadruple, et même le contre-point triple suffisent. Voici cinq sujets qui doivent servir à faire la fugue suivante:

De ces cinq sujets, il n'y a que le premier, le second et le 4me qui sont en contre-point; le troisième et le cinquieme ne sont pas en contre-point.

Ainsi, en réunissant les cinq sujets, on ne peut pas mettre dans la basse ni le 3me ni le 5me Aussi il n'est pas absolument nécessaire, dans une fugue à cinq sujets, de mettre chaque sujet dans la basse, attendu qu'il y en a toujours trois qu'elle peut faire. Et, lorsqu'on désire de mettre dans la basse le 3me et le 5me sujet (qui ne sont pas en contre-point) on les emploie ISOLÉMENT, par Ex:

D'après cela on peut prescrire ce qui suit, lorsque la fugue est à plus de trois sujets:

1° Pour une fugue à quatre sujets, (surtout lorsqu'elle n'est qu'à quatre parties) le contre-point triple est préférable, par la raison que le 4me sujet (qui n'est pas en contre-point) peut completter les accords de l'harmonie renversable: ⁑ outre cet avantage, ce sujet est plus facile à trouver.

2° Pour une fugue à cinq sujets, on prendra le contre-point triple, ou tout au plus le contre-point quadruple.

3° Pour une fugue à six sujets, on prendra également le contre-point triple ou le contre-point quadruple.

Quant aux fugues à plus de six sujets, il y aurait de la folie à y songer.

Le sujet principal doit être toujours en contre-point.

Il faut concevoir les sujets, dans ces trois genres de fugues, de manière à ce que l'on n'y rencontre ni quintes défendues, ni mauvaises quartes contre la basse, N'IMPORTE LES RENVERSE-MENS DE CES SUJETS. En général, on ne peut pas donner trop de soin à la création des sujets, dont tout le mérite de la fugue dépend.

Voici une fugue analysée, faite avec les cinq sujets précédens:

⁑ Et par la même raison il n'est pas nécessaire que cette fugue soit à 5 parties. Quand les 4 sujets sont en Contre-point, il est à conseiller d'ajouter une partie, pour que l'harmonie du Contre-point ne reste pas toujours incomplette.

Fugue à 5 sujets.

Réunion des 5 sujets en fa.
parcelle du 4me sujet.
Episode de 14 mesures, fait avec des parcelles du 2me et du 5me sujets.
Réunion des 5 sujets.

Stretto entre 4 parties.
Imitation avec le 1er sujet.
Autre Stretto, mais plus serré, entre les 5 parties.
Pédale.

À six sujets.

Voici les six sujets qui nous serviront à faire la fugue suivante:

Pour créer ces six sujets on n'a employé que le contre-point triple, car le contre-point quadruple ne s'y trouve que momentanément; et cependant tous les sujets sont en contre-point, car chacun peut se mettre dans la basse sans nul inconvénient. Les pauses qui précédent les sujets ou les suivent, font que le contre-point n'est que triple.

L'exposition se fait comme dans toutes les fugues à plus de quatre parties, savoir: Sujets—Réponses—Sujets—Réponses. Une partie quelconque ne peut entrer pour la première fois que par un sujet. On tâche de ne pas répéter (durant l'exposition) un sujet dans la même partie, à moins que l'on y soit contraint par des raisons particulières.

Fugue à 8 parties et à 6 sujets.

Les 6 sujets transposés en Si ♭.
Les 6 sujets transposés en Mi ♭.

Les 6 sujets transposés en Ut.
Les 6 sujets dans le ton primitif.

120
Imitations avec le 3me sujet, 8 mesures.
Z. 55. (2)

Imitations avec le 5.me sujet. 9 mesures.

Imitations doubles avec des parcelles du 1er et du 2.d sujet, 7 mesures.
Réunion de 6 sujets en Mi ♭

Imitations serrées avec une
parcelle du 1er sujet, 7 mesures

Les 6 sujets dans le ton primitif.
Pédale.

Stretto entre les 8 parties, 6 mesures.
Episode de 3 mesures.
Canon de 8 mesures entre le 1er Soprano et la 1re Basse-Taille.
Organo solo.
A 55. (2)

Après l'exposition de cette fugue, on a transposé les six sujets réunis de la manière suivante:
1° en si ♭, 2° en mi ♭, 3° en ut mineur: Après quoi on les a encore une fois reproduits
dans le ton primitif, mais toujours avec une autre disposition des parties. Ainsi, en comptant l'exposition, on entend les six sujets réunis huit fois de suite. Cette nombreuse répercussion non
interrompue ne saurait produire de monotonie, eu égard au nombre des parties et au nombre des
sujets, qui offrent tant de modifications dans la manière de les présenter.

Quant à l'harmonie à huit parties, il faut y éviter deux octaves et deux quintes par mouvement semblable: mais, des octaves et des quintes cachées, et deux octaves et deux quintes
par mouvement contraire y sont inévitables. Au reste, si ces licences (sans lesquelles une harmonie à plus de cinq parties réelles n'existe pas) blessent par fois les yeux, elles ne sont
d'aucune conséquence pour l'oreille.

LIVRE CINQUIEME.

I

DE LA FUGUE EN AUGMENTATION
ET DE LA FUGUE EN DIMINUTION.

On fait une fugue en augmentation, lorsque les notes de la réponse ont une valeur double de celles du su_
jet. Voici le sujet et la réponse pour une fugue semblable :

Dans le courant de cette fugue on fera les imitations et les strettos en augmentation; en général on em_
ployera le sujet en augmentation à peu près aussi souvent que le sujet en son état naturel.

Le sujet doit être fort court et composé de courtes valeurs, sans quoi l'augmentation serait déplacée. Cette
sorte de fugue ne peut se faire convenablement que dans les mesures à deux et à quatre temps. Voici l'exem_
ple d'une fugue de cette espèce :

Fugue en augmentation.

Rép:
Sujet
Sujet
Sujet
Sujet
tr
Sujet
Sujet par M.t contraire
tr
tr
Stretto
Rép:
Sujet
Z. 55. (2)

La fugue en diminution se pratique en diminuant de moitié, dans la réponse, la valeur des notes dont se compose le sujet. Ce dernier doit être large pour que la diminution ne soit pas composée de valeurs trop courtes. La fugue précédente serait en diminution si, dans l'exposition, le sujet avait les valeurs de la réponse, et la réponse celles du sujet. Le reste de la fugue pourrait rester intact. Par exemple:

Fugue en diminution.

Passez de cette exposition à la 9.e mesure de la fugue précédente et allez jusqu'au bout.

II

DE LA FUGUE PAR MOUVEMENT CONTRAIRE.

La fugue est par **MOUVEMENT CONTRAIRE** lorsque la réponse se fait par mouvement contraire; mais cela n'empêche pas d'employer aussi la réponse par mouvement semblable: le sujet peut s'employer de même par mouvement semblable, et par mouvement contraire, surtout dans le courant de la fugue. Il faut de plus que les imitations, les strettos, etc: se fassent également par mouvement contraire. Exemple:

Sujet par M.r contr:
Sujet
Sujet par M.r cont:
Sujet
Sujet
Sujet
Sujet
Sujet
Stretto
Rèp:
Rep:
Sujet
Sujet
Z. 55. (2)

La réponse dans l'exposition de cette fugue se fait deux fois de suite, mais la première fois par mouvement contraire et la seconde fois par mouvement semblable. Au reste, une exposition est régulière dès que le sujet et sa réponse s'y trouvent, soit qu'on répète l'un ou l'autre deux fois de suite: d'après cette remarque on peut faire l'exposition d'une fugue à quatre parties de quatre manières, Savoir:

1. SUJET — RÉPONSE — SUJET — RÉPONSE: cette chance est la meilleure, comme nous l'avons dit.
2. SUJET — RÉPONSE — RÉPONSE — SUJET.
3. SUJET — SUJET — RÉPONSE — RÉPONSE.
4. SUJET — SUJET — RÉPONSE — SUJET.

On ne fait guère usage de la fugue par mouvement contraire; dans tous les cas il faut que le sujet se prête naturellement à ce mouvement, sans quoi la fugue serait manquée.

III
DE LA FUGUE ACCOMPAGNÉE PAR L'ORCHESTRE.

La fugue vocale n'était accompagnée dans l'origine que par l'orgue. Pour mieux soutenir les voix, on y a ajouté plus tard des basses, des contre-basses et même des bassons. C'est ainsi qu'il faut accompagner le morceau à huit parties que nous avons donné à la fin du quatrième livre. Lorsque les orchestres furent introduits, on les maria avec les voix et l'on accompagna la fugue vocale par l'orchestre. Nous allons donner des renseignemens importans sur cette sorte d'accompagnement.

Les anciens ne pouvaient pas nous laisser des éclaircissemens sur cet objet, parcequ'ils ne connaissaient pas les orchestres ni même nos instrumens en usage, sauf l'orgue. Il existe plusieurs manière d'accompagner la fugue vocale.

PREMIÈRE MANIÈRE.

Lorsqu'on desire faire valoir une fugue uniquement par les voix, il faut que l'accompagnement ne serve qu'à les maintenir dans le ton. Si le chœur est peu nombreux, l'orgue seul suffit pour l'accompagner: s'il se compose d'une grande quantité de personnes, on y ajoutera quelques violoncelles et surtout quelques contre-basses. Les loix de la liturgie du rite grec excluent les instrumens de leur église. Les chanteurs, en Russie, éxécutent des fugues sans le secours d'un instrument quelconque; l'effet en est admirable.

Quand on accompagne une fugue vocale de la manière simple que nous venons d'indiquer, on chiffre à cet effet la partie la plus grave de la fugue pour l'organiste, en l'écrivant sur une partie séparée, comme on le voit dans l'exemple de la fugue à huit parties, page 116. Au défaut de l'orgue, les basses et les contre-basses suffisent pour soutenir les voix.

DEUXIÈME MANIÈRE.

L'orchestre se divise en instrumens à cordes et en instrumens à vent. On peut donc accompagner la fugue vocale soit par les instrumens à cordes seuls, soit par les instrumens à vent seuls, soit enfin par l'orchestre tout entier.

Par les instrumens à cordes seuls: dans ce cas on double à l'unisson, comme il suit:

Les sopranos par les premiers violons; les contre-altos par les seconds violons: les tenors par les altos; les basse-tailles par les violoncelles et les contre-basses. Ces dernières rendent les notes des basse-tailles octave plus bas, comme on le sait.

Cette manière est la plus facile, la plus commode et par conséquent aussi la plus usitée. La fugue ainsi éxécutée, devient en même temps vocale et instrumentale. Cette manière de ne l'accompagner qu'avec des instrumens à cordes est bonne lorsque le chœur est peu nombreux.

Au lieu de doubler à l'unisson les voix par les instrumens à cordes, ces derniers peuvent accompagner aussi la fugue vocale d'une maniere PARTICULIÈRE.

Voici trois éxemples dans lesquels les instrumens à cordes éxécutent toute autre chose que les voix:

1.er Exemple.
Allegro. ♩ = M. 72.
1.ers Violons.
2.ds Violons.
Altos.
Sopranos.
Contre_altos.
Tenors.
Basse_tailles.
Violoncelles et Contre_basses.
Z. 55. (2)

Z. 55. (2)

Stretto

Stretto.
tr

Le sujet vocal de cette fugue  est fleuri, brodé ou varié dans l'orches_tre et devient, par cela, tout à fait instrumental: Ainsi, en doublant les voix par les instrumens, le sujet instrumental remplace le sujet vocal, et cela durant la fugue en_tière, sauf vers la fin, où les voix s'isolent des instrumens et où chaque masse fait seul un stretto, chacune avec son sujet respectif. Il résulte de cette nouvelle combinaison 1°.) qu'une fugue vocale peut devenir en mê_me temps fugue instrumentale; 2°.) qu'une fugue vocale peut acquérir (au moyen de cet accompagnement) un dégré de plus de chaleur; 3°.) qu'une fugue vocale, qui ferait peu d'impression sur les auditeurs, peut recevoir beaucoup d'éclat, et paraitre tout à fait neuve par ce moyen; 4°.) qu'une fugue vocale et une fugue instrumen_tale peuvent parfaitement bien se marier de la sorte.

En supprimant à la fin les deux strettos que les voix font seules, les instrumens à cordes peuvent éxécuter leur fugue sans le concours des voix: dans ce cas, les instrumens passeront les 4 mesures du chant, après le point d'orgue, et attaqueront leur STRETTO qui doit s'enchainer immédiatement avec les 3 mesures sui_vantes . . . .

Après la 7.me mesure finale.

Les voix peuvent également chanter seules leur fugue, en passant de la 10°. avant dernière mesure à la 6°.

2.me Exemple.

Z.55.(2)

La fugue vocale de cet exemple est la même que celle par mouvement contraire que l'on trouve $\left(\text{page } 150\right)$; elle est ici accompagnée d'une manière particulière qui exige les renseignemens suivans:

On commence par faire la fugue, sans avoir egard à l'accompagnement, aussi bien que si ce dernier ne devait pas exister. En suite on cherche une basse figurée qui fasse une 5.ᵉ PARTIE RÉELLE avec l'harmonie de la fugue. C'est cette partie qui est, dans ce cas, DIFFICILE à créer: car la fugue, sans cette partie, doit avoir une bonne basse. On chiffre cette nouvelle basse; il faut qu'elle puisse servir pour accompagner la fugue par l'orgue seul, ou bien tout simplement par les violoncelles et les contre-basses, sans l'orgue. En y ajoutant les autres instrumens à cordes, ces derniers rendront l'harmonie que les chiffres indiquent, mais avec une disposition de parties et avec des dessins différens de la fugue. En isolant l'accompagnement de la fugue, il faut que la masse des instrumens à cordes fasse une harmonie complette à quatre parties. Je ne connais pas un seul exemple qui ait été créé tout à fait dans ce genre.

3.ᵐᵉ Exemple.

Z. 55. (2)

Z. 55. (2)

V.celli
Bassi

La conception de ce morceau est tout à fait nouvelle. Les voix y exécutent une fugue, qui peut se passer des instrumens. L'orchestre y exécute également une fugue simple, mais sur un autre sujet plus animé. Cette seconde fugue peut aussi à son tour se passer des voix.

Il résulte de cette combinaison 1.°) qu'une fugue instrumentale peut accompagner une fugue vocale, sans que l'harmonie soit dans le fond à plus de quatre parties; 2.°) que les deux fugues, exécutées en même temps, donnent une fugue double; 3.°) que le second sujet (mis dans l'orchestre) peut être fort brillant, avoir beaucoup de chaleur et donner par cela même un grand intérêt à la fugue vocale.

TROISIÈME MANIÈRE.

Il n'est guère en usage d'accompagner une fugue par les instrumens à vent seuls. Ces instrumens pourraient dans différentes circonstances parfaitement bien remplacer l'orgue, comme par exemple dans les concerts et sur le théâtre. Dans ce cas, les bassons doubleraient les bassetailles à l'unisson; les clarinettes doubleraient les tenors à l'octave, les hautbois doubleraient les contrealtos à l'octave, et les flutes doubleraient les sopranos à l'octave, en y ajoutant les cors comme on le fait dans les autres morceaux de musique.

Autre version: Les bassons (auxquels on peut ajouter une ou deux trombonnes selon le besoin) doubleraient les bassetailles; les autres instrumens à vent compléteraient l'harmonie de la fugue, à l'instar de l'orgue qui accompagne la basse chiffrée. C'est ainsi que l'on pourrait accompagner la fugue en fa (de la Page 138) en mettant les instrumens à vent à la place des instrumens à cordes. Dans ce cas, les bassons (auxquels on peut ajouter quelques contrebasses) exécuteraient la basse figurée.

QUATRIÈME MANIÈRE.

En accompagnant la fugue vocale par l'orchestre tout entier, on double d'abord les voix par les instrumens à cordes, et ensuite on double les instrumens à cordes par les instrumens à vent, à l'unisson ou à l'octave, selon les circonstances. C'est ainsi que cela se pratique ordinairement de nos jours. La fugue ainsi accompagnée, se trouve triplée, parcequ'elle est exécutée en même temps par les voix, par les instrumens à cordes, et par les instrumens à vent.

Quant aux instrumens tels que les cors, les trombonnes, les tymballes, on les emploie parci parlà pour fortifier les masses et pour en augmenter l'effet. Voici un exemple d'une fugue ainsi triplée, dont le sujet principal a été traité par plusieurs compositeurs célèbres.

Flauti
Oboë
in B. Clarinetti
in C. Corni
Fagotti
1.° e 2.do Trombone
3.io Trombone
in C. Tympani
Violini
Viola
Soprano
Alto
Tenore
Basso
Violoncelli e Contra-Bassi
All.° Moderato e Maestoso. ♩ = M. 66.
Col V.no 1.° al 8.a
Col V.no 2.do al 8.a
Col Basso
mf
mfo
cum sanc_tis tu _ is
cum sanctis tu _ is in oe_ter _ _ _ _ _ _ num,
cum sanctis
cum sanctis tu _ is in oe_ter _ _ _ _ num, in oe_ter num,
Z. 55. (2)

Col V.no 1o al 8a
mf
Col Basso
tr
mf
tr
tr
in oe_ter _ _ _ _ num, cum sanc_tis tu_is in oe_ter_num,
in oe_ter _ _ _num, cum sanctis tu _ is in oe_ter _ _ _ _
tu _ _ is in oe_ter _ num, cum sanctis tu_is in oe_ternum, cum sanc_tis
cum sanc_tis tu _ is in oe_ter _ _ _ _ _ num, cum

cum sanctis tu _ is in œ _ ter _ _ _ num, cum sanc _ tis tu_is in œ _ ter _ _ _ _
num, in œ _ ter _ _ _ _ _ num, in œ_ ter _ _ num, cum sanctis tu is in œ _ ter _ num,
tu _ is in œ _ ternum, in œ_ ter _ num, cum sanctis tuis in œ _ ter _ num, cum sanctis tu _ is in œ_
sanc _ tis tu _ is in œter _ _ _ _ num, in œ_ ter _ _ _ _ _ num, cum

Col V.no 1.o al 8.a
Col V.no 2.do al 8.a
Col Basso
num, cum sanctis tu _ is in oe ter _ _ _ _
cum sanctis tu _ is in oe _ ter _ num, in oe _ ter _ _ num, in oe _ ter _ _
ter ba _ _ _ _ _ _ _ _ _ num, cum sanctis tu _ is in oe ter _ _ num,
sanctis tu _ is in oe _ ter _ _ _ num

Col Basso
num, in æ _ ter _ num, cum sanctis tu _ _ is in æter _ num, in æ _
num, cum sanctis tu _ _ is in æ ter _ _ _
cum sanctis tu _ is, in æ ter _ _ _ _ num, in æ _ ter _
cum sanctis tu _ _ is in æ _ ter _ _ _ num,

Col V.no 1.o el 8.a
Col Bassa
8va
ter _ _ _ _ _ num, cum sanctis tu _ is in oe _ ter _
_ _ _ _ num, cum sanctis tu _ is in oe _ ter _ _ _ num, in oe _ ter _ num,
_ _ _ _ _ num, cum sanc _ tis tu _ is in oe _ ter _ _ _ _ num,
cum sanctis tu _ is in oe _ ter _ num, in oe _ ter _ _ _ num,

num, in æter _ num,
cum sanctis tu _ is in æ
in æ _ ter _ _ num,
cum sanc_tis tu_is
cum sanc_tis
in æ _ _ ter _ num,
cum sanctis tu _ is in æ _ ternum,
in æ_ter _ _
in æ_ _ ter _ num, cum sanctis tu _ is in æ _ ter _ _ _ _ num, cum sanctis tu _ is

Col Vno 1o al 8a
Col Basso
ter _ _ _ num, in oeter _ _ _ num,   cum sanc _ tis tuis in oe _ ter _
tu _ is in oe _ ter _ num, cum sanctis tu _ is in oe _ ter _ _ num,   cum sanc _
num.   in oe _ ter _ _ _ _ num, cum sanctis tu _ is in oe _ ter _ _ num,
in oe _ ter _ _ num,   in oe _ ter _ _ _ num, in oe _ ter _ _ num, in oe _

Col V.no 2.di al 8.a
a2
_tis tu _ is, cum sanc_tis tu _ is in oe _ _ ter _ num,in oe_ter_num,in oe_
cum sanctis tu _ is in oe _ ter _ _ num cum sanctis tu _ is in oe _ ter _ _
ter _ _ num,cum sanctis tuis in oe _ ter_ _ _ _ _ num, in oe _ ternum, cum

Col V.no 1o al 8a
Col Basso
cum sanc_tis tu_ _is in œ_ter_ _ _ _ _ num, cum sanctis tuis in œ_ter
ter_ _num, cum sanctis tu_ _is in œ_ter_ _ _ _ _ num, in œ_ter_ _ _
num cum sanctis tu_is in œ_ _ter_ _ _ _ _ _ num, cum sanc_ _tis
sanc_tis tu_ _is in œ_ternum, cum sanctis tuis in œ_ter num, cum sanctis tuis in œ_ter_

num, cum sanctis tu_is in œ_ter_ _ _ _ _ _ _ _ num, cum sanc_tis
_ _ num, in œ_ter _ _ num, cum sanc_tis tu_is,cum sanc_ _ _tis, cum sanctis tuis in œ_
cum sanc_tis tu _ _ is in œ_ter_ num,in œ_ ter _ _ num,cum sanctis tuis in œ_
num, cum sanctis tu_is in œter_ num, in œ_ ter _ _ _ _ num,

Col Basso
tu _ is in œ _ ter _ _ num, cum sanc _ tis tuis in œ ter _
ter _ _ _ _ _ num,   cum sanc _ tis tu _ is in œ _
ter _ _ _ _ _ num,   in œ _ ter _ num, in œ _
cum sanctis tu _ is in œ _ ter _ _ _ _ _ _ _ num, cum sanctis tu _ is in œ _

Col V.no 1o al 8.a
Col V.no 2.do al 8.a
Col Basso
num, cum sanc_tis tuis in œter_num, cum sanc_tis tu_is
ter_ _ _ _num, cum sanctis tu_is in œ_ter_num, cum sanctis tu_is
ter_ _ _num, cum sanc_tis tu_is in œ_ter_num,
ter_ _ _ _ _num, cum sanctis tu_is in œ_ter_ _num, cum sanctis

in oe _ _ ter _ _ _ _ _ num, cum sanctis tuis in oe _ ter _ _ _ _ _ _ num,
in oe _ ter _ _ num, cum sanc_tis tu _ is in oe _ ter _ _ _ num,
cum sanc _ _ tis sanctis tu _ is cum sanctis tuis in oe_ter _ _ _ num, in oe_ter_num,
tuis in oe_ ter _ _ num, cum sanctis tu _ _ is in oe _ _ ter _ _ _ _ num, in oe_ter_num, cum

Col V.no 1.o al 8.a
Col V.no 2.o al 8.a
cum sanctis tu_is in oe_ter _ _ _ num, cum sanctis tu_is in oe_
cum sanctis tu_is in oe_ter_ num, cum sanctis tu _ _ is in oe_ter_num,
cum sanctis tuis in oe _ ter _ num, cum sanctis tuis in oe_ter _ _ _ num, cum sanctis
sanctis tuis in oe_ternum, in oe_ter_num, in oe_ter_ _ num, cum sanctis

Col Basso
tr
ter_ _ _num, in oe_ter_ _ _ _ _ _ _ _ _num, cum sanctis tuis in oe_ ter_ _
in oe_ter_ _ _ _ num, cum sanctis tu_ _ is, cum sanctis tu_ _ is in oe_ ter_ _ _
tuis in oe_ternum, cum sanc_tis tu_is in oe_ter_ _ _ _ _ num, cum sanctis tuis in oe_ ter_ _
tuis in oe_ternum, in oe_ _ _ ter_ _

Cette manière de tripler une fugue peut s'employer de temps en temps pour annoncer et pour terminer avec beaucoup d'éclat un grand ouvrage, ou pour exprimer une situation forte, et lorsqu'on accompagne un chœur TRÈS NOMBREUX. Mais il faut se garder d'en faire un usage fréquent, si l'on ne veut pas convertir la musique vocale en une symphonie.

CINQUIÈME MANIÈRE.

En accompagnant la fugue vocale par l'orchestre entier, les instrumens à vent, au lieu de tripler la fugue, peuvent être traités d'une manière particulière. Dans ce cas on les emploie plutôt en solo qu'en masse: par ce moyen on varie, ou nuance davantage les effets de la fugue. On trouvera plus tard deux exemples où les instrumens à vent accompagnent la fugue de cette manière, (Voyez les morceaux pages 188 et 203, ainsi que la remarque indiquée par NB, page 212.)

IV
DE LA FUGUE À TROIS OCTAVES.

On peut créer une fugue à quatre parties, dont chacune s'exécuterait par une masse, mais de manière à ce que chaque partie de la fugue soit triple, À TROIS OCTAVES DIFFÉRENTES. Cette proposition est tout à fait nouvelle, et susceptible d'un très grand effet.

D'après cette proposition on fera une fugue simple à quatre parties réelles. Chaque partie de cette fugue sera triplée à trois octaves différentes comme il suit:

PREMIÈRE PARTIE DE LA FUGUE: elle sera exécutée 1.°) par les flutes, 2.°) par les haut-bois, octave plus bas, et 3.°) par les clarinettes, deux octaves plus bas.

SECONDE PARTIE DE LA FUGUE: elle sera exécutée 1.°) par les premiers violons, 2.°) par les seconds violons, octave plus bas, et 3.°) par les altos, deux octaves plus bas.

TROISIÈME PARTIE DE LA FUGUE: elle sera exécutée 1.°) par les sopranos, 2.°) par les contre-altos et les tenors, octave plus bas, 3.°) par les basse-tailles, deux octaves plus bas. On y ajoutera des bassons et une trombonne, pour soutenir les voix et pour assimiler davantage cette troisième partie de la fugue à l'orchestre.

QUATRIÈME PARTIE DE LA FUGUE: elle sera exécutée 1.°) par les violoncelles, 2.°) par les contre-basses, octave plus bas, et 3.°) par l'orgue dont la pédale a un registre de trente deux pieds, par conséquent deux octaves plus bas.

Voici l'exemple sur cette combinaison nouvelle :

Le peuple saint a fré_mi d'allé_gres_se. De l'Eternel s'accom_plit la promes _ _se, s'accomplit la pro_
Le _ _ _ _ _
Le peuple saint a fré_mi d'allé_gres_se. De l'Eternel s'accom_plit la promes _ _se, s'accomplit la pro_
Le _ _ _ _ _

mes_se!
Le peuple saint a fré_ mi d'al_lé_ gresse d'un douteur a_venir
mes_se!
Le peuple saint a fré_ mi d'al_lé_ gresse d'un douteur a_venir

se dissi _ pe l'hor _ reur mortels, prosternez _ vous il nait un Dieu sauveur, il nait _ _ un Dieu sau _
se dissi _ pe l'hor _ reur mortels, prosternez _ vous il nait un Dieu sauveur, il nait _ _ un Dieu sau _

veur!
Rois d'Orient, ô vous puissans du monde ô vous puissans du monde, à Bethléem, à
veur!
Rois d'Orient, ô vous puissans du monde ô vous puissans du monde, à Bethléem, à

Bethléem courez dépo_ ser vos présens; au Christ, à Dieu consa_ crez vos accens; Chan_
Bethléem courez dépo_ ser vos présens; au Christ, à Dieu consa_ crez vos accens; Chan_

tez: honneur, hon_neur à la vier_ge fé_conde! fai_tes fu_mer l'encens! que de can_ti_ _ques
tez: honneur, hon_neur à la vier_ge fé_conde! fai_tes fu_mer l'encens! que de can_ti_ _ques

saints le temple reten_ tis_se! Au nom du Roi des Rois que l'u_nivers fré _ mis _ _ se!
saints le temple reten_ tis_se! Au nom du Roi des Rois que l'u_nivers fré _ mis _ _ se!

176

Pour faire une fugue à trois octaves, il y a des précautions à prendre et des difficultés d'un genre nouveau à vaincre. En créant la fugue, il faut l'écrire d'abord sur deux clefs d'ut 3.ᵉ ligne et sur deux clefs de fa 4.ᵉ ligne. La première clef d'ut représentera les instrumens à vent (flutes, hautbois et clarinettes;) la seconde représentera les instrumens à cordes (les violons et les altos.) La première clef de fa sera destinée aux voix, et la seconde aux basses de l'orchestre. Par ex:

Première partie.  Flutes, hautbois et clarinettes. Seconde partie. Violons et altos.

Troisième partie. Les voix et les bassons. Quatrième partie. Violoncelles, contre‑basses et l'orgue.

On se représentera chaque note placée sur la première, la seconde et la troisième partie en trois octaves différen‑ tes. Par ex:

ce qui equivaut à    et    ce qui equivaut à

Si les clarinettes sont EN UT, on ne peut pas descendre plus bas sur la première portée que jusqu'au MI suivant:  parce que c'est la note la plus grave sur cette clarinette. Si elles sont EN SI♭, on peut descendre jusqu'au RÉ, et si elles sont EN LA, on peut descendre jusqu'à l'UT♯. Mais dans tous les cas on ne peut pas monter sur cette partie plus haut que le LA suivant:

à cause des flutes qui ne montent pas plus haut dans l'orchestre qu'au LA suivant:

Sur la seconde portée on peut descendre jusqu'à l'UT:    parce que les altos descendent jusqu'à cette note.

Mais il ne faut pas y monter plus haut qu'au FA suiv:    note qui, étant doublée deux octaves plus haut par les premiers violons, répond au FA suiv:    qui est à peu près la plus haute que l'on donne aux violons de l'orchestre.

Sur la troisième portée, consacrée aux voix, il faut se tenir dans les limites de la 9.ᵐᵉ suivante:    sans quoi les basses‑tailles et les contre‑altos descendraient trop bas, et les tenors et les sopranos monteraient trop haut. Il faut même em‑ ployer rarement ces deux notes: il vaut mieux se renfermer le plus souvent possible dans les limites suivantes: 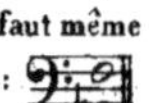   sans quoi les voix chanteraient trop dans leurs cordes extrêmes, ce qui serait un vice.

Comme les parties de ces trois portées se croisent sans cesse, il faut y éviter des quartes consécutives, sans quoi l'on s'expose à autant de quintes défendues qui, étant rendues par des masses aussi fortes, deviendraient insupportables.

Quant à la quatrième portée, il ne faut pas y descendre plus bas qu'au SOL:    à cause des contre‑basses qui, généralement, ne descendent pas plus bas. Mais ce SOL correspond sur cet instrument au SOL suivant:

Comme cette quatrième portée doit servir de VÉRITABLE BASSE À LA FUGUE, il faut faire attention que les basses‑tail‑ les et les altos d'orchestre ne se croisent pas avec les contre‑basses. Quand la 4.ᵉ portée compte des pauses, la 3.ᵉ portée, c'est‑ à dire les basses‑tailles et les bassons font la basse de la première et de la seconde portée. Dans ce cas il ne faut pas croiser les altos avec les basses‑tailles.

Quant à l'exécution de ce morceau, il est essentiel que les masses soient en proportion: en augmentant les voix, il faut augmen‑ ter tous les instrumens, et vice versa. Voici approximativement un tableau de proportion à ce sujet:

N.º 1. 12 à 16 voix avec deux bassons. Deux flutes, deux hautbois et deux clarinettes. Huit violons, trois altos, trois violoncelles, deux contre‑basses et deux cors (1). C'est le nombre des voix et des instrumens le moins grand pour l'exécution de ce morceau.

N.º 2. 20 à 24 voix avec deux ou trois bassons. Trois flutes, trois hautbois et trois clarinettes. Douze violons, quatre al‑ tos, trois ou quatre violoncelles, quatre contre‑basses, ou au moins trois. Deux ou quatre cors.

N.º 3. 32 à 40 voix avec trois bassons et une trombonne. Quatre flutes, quatre hautbois et quatre clarinettes. Douze vio‑ lons et quatre altos. Quatre violoncelles, cinq à six contre‑basses et quatre cors. L'orgue avec la pédale de trente deux pieds. (2)

Voici encore un exemple d'une fugue à trois octaves, mais dans le mouvement d'allegro:

____

(1) On peut se passer à la rigueur de l'orgue, pourvu que les basses (qui dans ce cas n'exécuteraient qu'en deux octaves la quatrième partie de la fugue) soient suffisamment fortifiées.

(2) Les orgues qui ont un registre de trente deux pieds sont fort rares: mais on peut bien se servir aussi d'un orgue de seize pieds pour fortifier les basses, c'est à dire la quatrième partie de la fugue.

Fugue à trois octaves.

Z. 55. (2)

Tasto
Tasto
Z. 55. (2)

Sujet en aug— mentation
Più Lento
Tutto
Z. 55. (2)

V

DE LA FUGUE INSTRUMENTALE,
ACCOMPAGNANT LES VOIX.

Nous avons fait connaître de combien de manières on pouvait accompagner par l'orchestre une fugue vocale; il nous reste encore à faire voir comment on peut accompagner un chœur ou un air par une fugue instrumentale. Sous ce rapport nous allons analyser les trois exemples suivans:

1.er Exemple.

Fugue instrumentale, accompagnant les voix en chœur.

cem.
cem.
cem.
cem.
do _ _
do _ _ _
do _ _ _
do _ _ na
Sujet
Réponse
na   no _ _ bis   pa _ _ _ _ cem.
na   no _ _ bis   pa _ _ _ cem.
na   no _ _ bis   pa _ _ _ cem.
no _ _ _ _ _ bis   pa _ _ _ cem.
Sujet

do _ _ _ _ na no _ _ bis
do _ _ _ na no _ _ bis
do _ _ _ na no _ _ bis
do _ _ na no _ _ _ _ _ _ _ bis
Sujet
pa _ _ _ _ _ cem. do _
pa _ _ _ cem. do _
pa _ _ _ cem. do _ _
pa _ _ _ cem. do _ _
pa _ _ _ cem. do _ _ na
tr
Sujet
Sujet

na no _ _ bis pa _ _ _ _ _ cem.
na no _ _ bis pa _ _ _ cem.
na no _ _ bis pa _ _ _ cem.
no _ _ _ _ _ _ bis pa _ _ _ cem.
Sujet par M.ent contraire
do _ _ _ _ _ na no _ _ bis pa _ _ _
do _ _ _ na no _ _ bis pa _ _ _
do _ _ _ na no _ _ bis pa _ _ _
do _ _ na no _ _ _ _ _ bis pa _ _ _
Sujet
Z. 55.(2)

cem.
cem.
cem.
cem.
Réponse
Sujet
do _ _ na no _ _ bis pa _ _ _ _ cem.
do _ _ na no _ _ bis pa _ _ cem.
do _ _ na no _ _ bis pa _ _ _ _ cem.
do _ _ na no _ _ bis pa _ _ _ _ cem.
Sujet
Réponse

do - - - na no - - - bis pa - - - - - - cem.
do - - - na no - - - bis pa - - - - - cem.
do - - - na no - - - bis pa - - - - - - cem.
do - - - na no - - - bis pa - - - - - - cem.

L'orchestre exécute une fugue. Le chœur l'accompagne en faisant entendre des phrases harmoniques de distance
en distance. Le sujet de la fugue a été créé sur la première de ces phrases, c'est par cette raison qu'elle pouvait être
chaque fois accompagnée par le sujet de la fugue.

Quand on veut faire une fugue sur des paroles qui se refusent à ce travail, on peut mettre la fugue dans l'orchestre
et traiter le chœur à peu prés comme on le voit dans cet exemple. Cette combinaison pourrait trouver place dans la
musique théâtrale comme dans la musique d'eglise.

2.eme Exemple.

Chœur accompagné d'une fugue.

190
Fe
giu -
Fe
Fe
Z. 55. (2)

ria _ mo, Fe giu ria _ mo, Fe giu _ _
ria _ _ mo, fe giu ria _ _ mo; e Di _ _ o ne

pri - - vidimi rar più i rai del so _ le se man_ chiam giammai di fe, se man_
chiam giammai di fe.

solo
p
solo
p
solo
p
Li_e _ ta re _ gna, e Li_e_ta vi_ _vi. O de jesse ec _cel sa
p
p

solo
pro — le nos — tra spe — — me, e nos — tre
Crescendo
Cres
Ré
Fe giu
Crescendo
Crescendo
F

ria _ _ mo, Fe giu ria _ _ mo; e Di _ _ o ne
pri _ _ vi di mi _ rar più i rai del so _ le, se man_chiam giam_mai di fe, se man_

chiam giammai di fe, se man_chiam giammai di fe.
Fe giu _ ria _ mo, Fe giu _

Z. 55. (2)

Les paroles de ce chœur sont de METASTASIO, et prises dans son GIOAS, RÉ DI GIUDA. Le chœur est en action. Le peuple jure fidélité au Roi. La fugue est à deux sujets. Il faut que les sujets soient courts pour que l'on puisse les employer à tout moment en accompagnant le chœur. Il est important qu'on leur donne à peu près le caractère que la situation exige, sans quoi la fugue ferait contre-sens continuel avec les voix. On sent bien qu'il ne s'agit pas ici des fugues insignifiantes dont s'occupent les élèves dans les classes du contre-point: il s'agit ici des effets produits par la matière fuguée.

L'exposition de la fugue fait la ritournelle du chœur. Le chœur entre à la contre-exposition: il est partout accompagné par l'un des deux sujets, ou par les deux sujets réunis. Souvent on n'a employé qu'un fragment de l'un ou de l'autre sujet. Il faut enfin, pour couronner le morceau, que l'orchestre fasse une fugue COMPLETTE abstraction faite du chœur. Cette combinaison nouvelle pourrait servir avantageusement dans beaucoup de situations théâtrales.

L'Allegro du morceau suivant est également une fugue, accompagnant la voix.

Troisième exemple.
Flûtes.
Haut_Bois.
Clarinettes en Si.
Cors en Mi ♭
Les Bassons comptent sur cette page.
Violons.
Altos.
Giojada.
Violoncelles.
Contre_Basses.
Récitativo.
Solo.
Solo.
Solo.
Solo.
p
p
p
p
Lento. ♩=Met: 50.
tr
Mi_se_ra madre!
Ah! nuo_vo sprone all'
Z. 55.(2)

Fagotto
o pra sia quel do _ lor.
Fagotto. Solo
Di collocar sul trono il germo _ gli fe _
Z.55.(2)

Allo
F
li_ce della pianta di jesse ecco il mo_men_to.
Col v.celli
à deux
F
Allegro.
F
F
E matu_ro l'e_ven_to;
tr
F
io me n'av_
tr
F
Z.55.(2) Allegro non troppo.

Colla voce.
p
p
p
p
veggo a' moti impa_zienti, a non u_sa_ti im_pe_ti del mio Cor.
Colla voce.
Lento arioso. ♩=Met: 76.
Solo.
Soli.
p
Solo.
Cors.
Fagotti. Soli.
p
Z.55.(2)

Fagotti.
Conosco a questa pel _ le gri _ _ na vir _ tù che in me s'an _ ni _ _ da, la
Col v.celli
Solo
Fagotti.
à deux
man che _ mi ra _ pisce e che mi gui _ _ da. Conosco a que _
p
tr

Clarinetti.
Corni soli.
ta pellegri _ na vir _ tù che in me s'an _ ni _ _ da, la man _ che mi ra _
Col V.celli
pisce e _ che mi gui _ _ _ _ da.
All°
Met: 112.
F
7.55.(2)

à deux
à deux
Col Vcelli
Col Vcelli
FP
P
P
D'in _ so _ li _ to _ ra _
FP
Senza fagotti.
7.55.(2)

lo - - re sen - - to che o il sen ri - pie - - -
à deux
F à deux
F à deux
à deux
à deux
P
tr
F
FP
P
F
F
P
no; e quel va_lor che o in se - - -
F
FP
Col Vcelli
F

Z.55.(2)

Haut-bois.
Clarinetti. à deux.
Solo
à deux
no, sen _ _ to che mio non è, e quel va _
lor cheò in se _ _ _ no sen _ _ to.
Col V.celli
Z.55.(2)

a deux
à deux
à deux
sen - to che mio non è.
Fre - ma l'altrui fu - ro - re Con - giu - ria dan - no
Z.55.(2)

mi _ o; Dio mi Con _ du _ ce, e Di _ o trion _ fe_
Col voelli
Haut_bois.
p
p
p
Solo
p
rà per me.
D'in_ so _ li_to va_

Corni.
p
lo — — re   sen — — to che ò il sen ri   pie — — —
C V
mF
mF
mF
mF
mF
p
p
no;   Fre — — ma l'al — trui fu — ro — re;   Con —
mF
p
C V.

Corni.
giu _ ria dan _ _ no mi _ _ o; Dio mi Con _ du _ ce,
à deux FP
FP
à deux
FP
FP
FP
Di _ _ o trion _ fe _ rà per me, trion _ fe _ rà per me trionfe _
C. V.
Z. 55.(2)

à deux
F
F
F
à deux
Col Vcelli
à deux
ra _ _ _ _ per me.
F
tr
tr
Z.55.(2)

Le morceau précédent est une scène, dont l'allegro est accompagné d'une fugue, comme nous l'avons remarqué.

Cette combinaison, également nouvelle, est une des plus délicates et des plus difficiles à réaliser. Car il s'agit ici d'un AIR RÉGULIER, qui ait son motif, sa suite, sa combinaison et dans lequel la voix ne soit pas sacrifiée à la fugue, sans quoi il n'y aurait aucun mérite à le faire.

Les paroles de cette scène sont également de METASTASIO, et prises dans le même ouvrage que nous avons cité à l'occasion du chœur précédent. C'est le grand prêtre JOAD qui chante dans le temple de Jérusalem après avoir pris la résolution de placer le nouveau Roi JOAS sur le trône. Il est très important de choisir bien les paroles, la situation et le personnage chantant, pour un air semblable.

L'air doit être court, par conséquent composé de peu de vers: les phrases peu longues, le caractère doit être décisif, et ne point varier. La situation doit être intéressante par la dignité du personnage.

Le sujet de la fugue (il est à conseiller qu'il soit simple) doit être très court et parfaitement bien choisi pour qu'il exprime ce qui se passe dans l'ame du chanteur.

L'exposition de la fugue servira de ritournelle à l'air, dont on créera le motif et la première partie, en l'accompagnant à tout moment par le sujet de la fugue ou par des parcelles de ce sujet. Une courte ritournelle terminera cette première partie. Les premières huit à douze mesures de la seconde partie de l'air serviront à ramener son motif, suivi à peu près de seize à vingt mesures pour le terminer convenablement. Une ritournelle achevera le morceau. On accompagnera cette seconde partie à l'instar de la première. Il faut que l'orchestre, abstraction faite de l'air, fasse une fugue complète.

N B. On examinera avec attention de quelle manière les instrumens à vent sont traités dans les deux fugues précédentes. C'est de la sorte que l'on peut aussi les combiner en accompagnant une fugue vocale par l'orchestre tout entier.

VI

DU PLAIN-CHANT, ACCOMPAGNÉ
PAR UNE FUGUE INSTRUMENTALE.

Une fugue régulière peut aussi accompagner le plain-chant. Voici ce qu'il faut observer pour réaliser cette proposition:

1.°) On choisit le plain-chant. On le divise en plusieurs phrases de six jusqu'à dix où douze mesures, selon le sens des paroles.

2.°) La fugue peut être double ou simple. Le sujet doit être court et franc.

3.°) On fait d'abord l'exposition de la fugue. Ensuite on introduit la première phrase du plain-chant sur la clef d'ut 4.° ligne, ou sur la clef de fa. Le plain-chant est censé, être chanté par un chœur EN UNISSON. Après quelques mesures de pauses que le chœur fait (mais en continuant la fugue) on poursuit le plain-chant, c'est à dire, on en fait entendre la seconde phrase. Après cette seconde phrase on fait encore quelques pauses. On continue de nouveau le plain-chant: et ainsi de suite jusqu'à la fin.

4.°) On accompagne le plain-chant avec le sujet, ou avec les deux sujets, d'une manière toujours fuguée, à peu près comme dans les deux morceaux précédens.

5.°) On profite des pauses, qui se trouvent entre les différentes phrases du plain-chant, pour faire des strettos, des imitations et de courts épisodes.

6.°) On tâche de finir le plain-chant avec la fugue. A cet effet, on peut prolonger les deux ou trois dernières notes du plain-chant.

La fugue doit être à quatre parties, mais l'harmonie est ou à quatre ou à cinq parties réelles. Quand elle est à cinq, il faut que le plain-chant soit tellement combiné avec la fugue que les deux fassent ensemble une harmonie à cinq parties réelles, comme dans les deux exemples suivans. En accompagnant le plain-chant par une fugue vocale, cette règle serait de rigueur: mais accompagné par une fugue instrumentale, le plain-chant peut être considéré (sous le rapport de l'harmonie) comme partie tout à fait libre et faire par conséquent des octaves consécutives avec l'une des quatre parties de la fugue.

Il est encore à remarquer 1.°) que le plain-chant ne doit dans aucun cas servir de basse à l'harmonie des instrumens: et 2.°) que la fugue instrumentale doit être parfaite sous tous les rapports, même en supprimant le plain-chant.

Voici deux exemples sur cette proposition, faits sur le même plain-chant :

N.º 1.

Fugue instrumentale, accompagnant le Plain-chant.

Par M.ʳ DANIEL JELENSPERGER.

§ Nota. Cette reprise a lieu à cause des paroles : on la supprime en exécutant la fugue sans le plain-chant. Cette fugue est pour l'Orgue comme on le voit.

O welch ein glanz geht auf im Herrn!
Du bringst in fin _ stre see len licht,
Wer soll _ te sein nicht ach _ _ _ ten?
Die nach der War _ heit schmach _ _ ten!
Dein Wort je _ _ _ su,

Ist voll klar_ _heit, führt zur War _ _heit
und zum le _ _ ben: Wer kann dich ge _ _
nug er _ he _ _ ben, er _ he _ _ _ _ ben.
Ritardando.
Z. 55.

N.º 2.

FUGUE INSTRUMENTALE sur le même Plain-chant,

Par M.ᵣ AUGUSTE SEBRIOT.

p
Chœur à l'unisson.
Dieu du peu _ _ _
ple sois son ap _ _ _pui,
que ta bon _ _té veil _ _le sur

Z. 55.

lui!
il est né pour ta gloi _ _re.
Z. 55.

sois son ap _ _ _ pui;
em _ _ bra _ se le, Sei _ _ gneur! de ton di _ _ _

On trouve aussi dans la FLUTE ENCHANTÉE de MOZART, un exemple sur cette proposition, où le plain_chant est doub
à l'octave.

VII

DE LA MANIÈRE DE METTRE LES PAROLES SOUS UNE FUGUE VOCALE,

ou

DE LA PARODIE DE LA FUGUE. (1)

Les compositeurs de tous temps et de tous pays ont toujours choisi fort peu de mots pour faire des fugues vocales. Ils ont eu, en outre, le soin de ne prendre que ceux qui renferment des syllabes longues, dans lesquelles on trouve les voyelles A et E, et qui permettent d'employer beaucoup de notes sur chacune d'elles. Sans cette précaution, il est presque impossible de faire une fugue vocale, par les raisons suivantes :

1.°) On fait et on peut toujours faire un sujet de fugue sur des paroles qui renferment un sens court, une sentence, ou seulement une exclamation etc: Mais en créant la fugue, le compositeur se voit forcé de laisser les paroles de côté, sauf à y revenir après avoir achevé son travail, parce qu'il est impossible de faire toutes les combinaisons que la matière fuguée exige, et de s'occuper en même temps des paroles. Ainsi donc, on compose la fugue vocale (aussi bien que la fugue instrumentale) sans paroles, excepté le sujet ou les sujets de fugue. Qu'en résulte-t-il? qu'il faut, tant bien que mal, ajuster le peu de mots (qu'on a choisis) sous chaque partie de la fugue, les répéter sans cesse et faire beaucoup de notes sur un E ou sur un A. Cette manière tout à fait barbare de parodier la musique, ne convenant point au goût français ni au génie de sa langue, il suit de là qu'on ne peut pas composer de fugues sur des paroles françaises.

2.°) Si le compositeur, (pour ne pas répéter sans cesse les mêmes mots, et pour ne point trainer à tout coup sur une voyelle) prenait plus de paroles qu'à l'ordinaire, par exemple, s'il prenait quatre vers aléxandrins, ou quatre vers de dix syllabes, ou même de huit seulement, comment placerait-il convenablement, sous chaque partie de la fugue faite d'avance, tant de mots, en les prosodiant comme il faut et en ne faisant point de contre-sens, etc.? Quand il lui faudrait par exemple dix syllabes, il n'en trouverait que six, et vice-versa; quand il aurait besoin d'une syllabe longue, il en trouverait deux brèves, et réciproquement: quand la fugue exigerait qu'il s'arrêtât, les paroles le forceraient d'aller en avant.

Il n'y a qu'un moyen de mettre convenablement des paroles françaises sous une fugue vocale : La seule possibilité est de faire parodier la fugue par des personnes habituées à bien parodier la musique. Et si l'on ne peut pas le faire toujours avec des vers réguliers, qu'on le fasse avec les vers libres de la poésie lyrique, ou avec des vers blancs, ou même avec de bonne prose. Il n'est pas plus difficile de parodier chaque partie d'une fugue, que de parodier un morceau d'ensemble, un chœur, un air ou un FINAL tout entier. (2)

---

(1) Le mot PARODIE, employé dans cet article, signifie (selon l'etymologie grecque) AUPRÈS DU CHANT, c'est à dire liaison de paroles avec le chant.

(2) L'un de mes amis, Mr COLOMB MÉNARD, a bien prouvé que l'on peut parodier une fugue aussi bien que tout autre morceau, car c'est lui qui a parodié la fugue à trois octaves en ut mineur. page 168.

OBSERVATIONS SUR LA FUGUE EN GÉNÉRAL.

La fugue est une production tout-à-fait scientifique, remplie de combinaisons qu'il faut faire avec calme et à tête reposée. Elle ne peut donc pas devenir l'unique produit de l'inspiration et du génie. Cependant elle n'exclue pas tout à fait (comme certains pédants le pensent) ni le goût, ni l'imagination, ni le génie. Mais ce qu'elle exige c'est LE SENTIMENT PROFOND DE L'HARMONIE (tel que le célèbre HAENDEL l'avait) sans lequel la fugue ne sera jamais qu'un corps sans âme.

La fugue, telle qu'on la pratique depuis des siècles, a UN DÉFAUT RADICAL; elle n'est NI PHRASÉE NI RHYTMÉE. La véritable musique est un langage, qui suit et doit suivre les principes d'un discours bien fait. Elle doit par conséquent marcher de phrases en phrases, de périodes en périodes, sans quoi tout est vague ou paraît confus. (Voyez notre traité de mélodie.) Ces phrases et ces périodes, (tant en musique qu'en éloquence) sont plus ou moins longues; mais elles ne peuvent pas surpasser certaines bornes sans devenir incohérentes ou barbares. Qu'on se represente, s'il est possible, un discours de deux ou de trois pages seulement, mais qui ne consisterait qu'en une seule et unique période: serait-il possible de le saisir, de le comprendre, de l'apprécier? Eh bien, la fugue, par la manière dont les idées s'enchainent, se poursuivent, s'interrompent, s'entrelacent et se croisent, ne forme qu'une même période.

La forme de la fugue fut inventée dans le temps où la musique était dans l'enfance, et où l'on n'avait nulle idée de sa véritable nature, de son vrai langage. Pour que la fugue put acquérir un nouvel interêt, il faudrait chercher à la phraser et à varier davantage sa matière par des episodes, ce qui n'est nullement impossible.

Nous proposerons à cet effet le plan suivant, qu'on pourrait plus ou moins modifier, plus ou moins varier, selon la nature du sujet et des épisodes, et selon le goût et le génie du compositeur.

PLAN D'UNE FUGUE PHRASÉE.

1.°) L'exposition. Elle doit former une période complette, c'est à dire avoir une cadence parfaite, autant que possible. Sa longueur ne doit pas excéder vingt-quatre mesures du mouvement allegro, et pour une fugue dans le mouvement lent, elle ne doit pas excéder douze mesures.

2.°) Un episode bien rhytmé et bien phrasé avec une cadence parfaite. Il pourrait avoir de vingt à trente mesures: mais il faudrait qu'il fut composé de dessins, de traits et enfin, d'idées qui ne fussent pas pris du sujet de la fugue.

3.°) La contre-exposition, suivie de quelques développemens particls. Le tout devrait faire une nouvelle période de douze à seize mesures à peu près.

4.°) Un épisode qui aurait quelque analogie avec le précédent. Il terminerait avec une cadence parfaite.

5.°) Le sujet de fugue en imitation ou premier stretto, de douze à seize mesures et plus. Ce qui devrait former une nouvelle période.

6.°) Un épisode pour reposer le sujet qui serait également analogue avec les deux précédens, formant une période plus ou moins régulière.

7.°) Des imitations, ou un 2.ᵉ stretto avec le sujet de fugue, formant une nouvelle période.

8.°) Un quatrième épisode plus ou moins dans le genre des trois précédens, durant lequel le sujet se reposerait.

9.°) Des imitations, des développemens particls, ou encore un 3.ᵉ Stretto avec le sujet, suivi de la pédale, d'un canon et de la conclusion, ou coda.

Il y a une certaine adresse à faire distinguer ces phrases et ces périodes les unes des autres, sans les terminer toujours par une cadence harmonique: car une grande quantité de ces cadences pourrait rendre le morceau (dont l'interêt est toujours plus harmonique que mélodique) par trop symétrique, et en diminuer la chaleur.

Voici un exemple d'une fugue dans ce genre, précédé d'une introduction. Elle est instrumentale.

Introduction.

Allegro non tropo. ♩. = M. 65.
Fugue.
FP
FP
Exposition
FP
tr
Z. 55.

F
F
F
F
Fz
P
P
Fz
P
P
Contre_Exposition
F
F
F
P
P
P

Z. 55. (2)

tr
2
1er Stretto.
Crescendo
Crescendo
tr
F
P
F
P
F
P
F
P
FP
F

Z. 55. (2)

FP
FP
FP
FP
FP
FP
FP
FP
FP
imitation
3me Stretto.

F
F
F
P
P
P
P
Pedale
Z. 55. (4)

Canon

On voit que la matière fuguée est entièrement renfermée dans l'exemple précédent. En la dégageant des episodes qui n'ont rien de commun avec le sujet, on obtiendra la fugue ordinaire avec toutes ses conditions : exposition, contre-exposition, développemens partiels avec le sujet, des strettos, des imitations, la pédale, un canon, tout s'y trouve. Ainsi, pour faire une fugue dans ce genre, il faut savoir parfaitement bien la fugue ordinaire: mais on exige plus de goût, plus d'imagination, plus de chant, plus de conception, plus d'idées et par conséquent plus de génie pour réaliser une fugue bien phrasée et bien rhythmée.

L'ouverture de la flute enchantée de Mozart, et le dernier morceau de son quatuor en sol majeur, ne sont autre chose que des fugues phrasées à peu près dans le genre de l'exemple précédent.

Une fugue phrasée doit être en même temps nuancée par les *forté* et les *piano*; et ces nuances doivent être fidèlement rendues par l'exécution. La manière dont on exécute vulgairement les fugues (surtout celles qui sont accompagnées par l'orchestre) est une espèce de barbarie: c'est à qui criera ou jouera plus fort! Les voix, luttant avec l'orchestre, semblent plutôt y exprimer une grosse joie, que chanter les louanges du Seigneur!

VIII

DU GENRE FUGUÉ.

Le genre fugué consiste dans la matière fuguée, employée plus ou moins dans les différens morceaux de musi-que où il ne s'agit pas d'une fugue régulière. Nous avons expliqué dans cet ouvrage la différence qu'il y a entre la fugue et la matière fuguée. La matière fuguée consiste en général:

1°.) En imitations de tous genres;
2°.) En expositions de fugue;
3°.) En strettos;
4°) En canons de différentes espèces;
5°.) En développemens partiels d'un sujet;
6°.) En répercussions d'un contre-point quelconque.

Ayant donné des exemples suffisans sur tous ces objets,(Voyez les articles sur les différens contre-points, les imitations, les canons et la fugue) il nous reste encore à indiquer les différentes productions dans lesquelles on peut employer avec succès les genres fugués. Ces productions sont:

1° LA MUSIQUE THÉÂTRALE.

Les imitations, les strettos, l'exposition de fugue, la répercussion d'un contre-point double, peuvent avoir lieu dans des morceaux d'ensemble, dans des chœurs et finales d'Opera, attendu que tout cela est susceptible de beau-coup de chaleur. C'est aux compositeurs de choisir le moment favorable à ce travail.

2° LA MUSIQUE D'ÉGLISE.

Outre les fugues régulières, on peut employer plus ou moins la matière fuguée, presque dans tous les morceaux consacrés au culte religieux. C'est dans la musique d'eglise que l'on a fait le plus d'usage de la matière fuguée en ac-compagnant le plain-chant. Le plain-chant peut servir à réaliser les propositions suivantes:

1°.) On prend le commencement d'un plain-chant (composé de cinq, six, sept ou huit notes) pour sujet de fugue. On invente un ou deux contre-sujets pour l'accompagner, lorsqu'on veut faire une fugue double ou à trois sujets.

2°.) On accompagne un plain-chant tout entier par une fugue vocale ou instrumentale, de la manière indiquée Page 212.

3°.) On prend un plain-chant en entier, en l'exécutant par une seule partie,(en chœur) ou en le promenant par phrases, selon les paroles, entre les différentes parties du chœur. On l'accompagne par des imitations plus ou moins canoniques dans le genre de PALESTRINA, IOMELLI, LEO, DURANTE, etc:

3° LA MUSIQUE INSTRUMENTALE.

La matière fuguée joue un rôle très important dans la musique instrumentale. Cependant on compose bien des fugues régulieres pour le piano. pour l'orgue, pour deux, trois ou quatre instrumens; mais on n'en fait pas pour l'orchestre seul, à moins qu'elles ne soient phrasées comme l'ouverture de la flute enchantée.

Dans le courant d'un morceau de quatuor, de quintetto, d'ouverture et de symphonie etc: on peut avec le plus grand succès employer (sur-tout dans la seconde partie d'un morceau) l'exposition de fugue, des imitations et des strettos, plus ou moins canoniques, la répercussion d'un contre-point double, le développement partiel d'un ou de plu-sieurs motifs. Les ouvrages de I: Haydn sont, sous ce rapport, des exemples et des modèles qu'il faut consulter sans cesse.

LIVRE SIXIEME.

DE L'ART DE TIRER PARTI DE SES IDÉES,
OU DE LES DÉVELOPPER.

Avant de traiter cette matière importante, sur laquelle il n'existe rien d'instructif, il est nécessaire de dire deux mots sur les idées musicales, sur leur création et leur exposition. Ces trois objets doivent nécessairement précéder le développement des idées. Pour ne point répéter ici ce que nous avons dit dans notre traité de mélodie, nous invitons nos lecteurs à vouloir bien se rappeler ce qu'il contient sur la construction des phrases, des périodes, et sur ce qu'on doit appeler IDÉE en musique.

I
DES IDÉES MUSICALES.

Un compositeur de profession, instruit et connaissant la nature de son art, n'aura pas besoin qu'on lui explique ce que c'est QU'IDÉES MUSICALES: il se le représentera de suite avec netteté. Il saura les distinguer les unes des autres, en apprécier le mérite; il sera même en état, jusqu'à certain point, de montrer à ses élèves comment ils doivent s'y prendre pour les chercher, les créer, les enchainer et les développer. Mais ce qui doit paraitre inexplicable, incompréhensible à toute personne non initiée dans cet art mystérieux, c'est que ce même compositeur éprouvera une peine infinie à donner une définition exacte et précise de l'idée musicale et de montrer clairement en quoi consiste sa nature.

La musique est par essence un ART DE SENTIMENT. Les véritables idées musicales sont le produit de ce que nous sentons. Ce que le sentiment crée, apprécie, ce qui lui plait et ce qui l'intéresse, ce qui est clair ou vague pour lui, tout cela n'est point du ressort de la logique, et ne peut être logiquement discuté, ni prouvé, ni défini.

Un compositeur, qui par l'étude et surtout par la pratique de son art parvient à se familiariser avec le langage du sentiment, à s'initier à ses mystères, qui, en composant, l'appelle sans cesse à son secours, finit par l'entendre et par le comprendre facilement, sans pouvoir cependant l'expliquer ni le définir d'une manière satisfaisante. Ainsi, sans nous embarquer dans des discussions métaphisiques sur la nature des idées musicales, ce qui au reste deviendrait tout à fait inintelligible pour toutes les personnes à qui la nature a refusé le sentiment musical, il suffit, pour comprendre la matière que nous traitons dans ce livre de savoir que nous appelons idée en musique

1° Un motif naturel et franc, ou même simplement un trait de chant;

2° Une courte phrase harmonique qui se laisse facilement retenir en l'exécutant;

3° La réunion d'un chant et d'une harmonie de quelques mesures qui fixe l'attention des auditeurs, quoique ce chant et cette harmonie, isolément pris, soient peut être assez insignifiants.

Enfin nous appelons idée en musique, tout ce qui parle plus ou moins à notre sentiment, tout ce qui flatte notre oreille, tout ce que nous retenons facilement, tout ce que nous nous rappelons avec plaisir, tout ce que nous désirons entendre encore après l'avoir entendu déjà, tout ce qui présente à notre imagination une image quelconque, tout enfin ce qui intéresse le sentiment.

Parmi les idées musicales, il y en a qui sont courtes, d'autres qui sont de moyenne longueur et d'autres encore que l'on peut appeler longues: on peut les classer sous ce rapport à peu près en idées de deux jusqu'à 24 mesures.

Un morceau de musique de 200 ou 300 mesures peut nous intéresser depuis un bout jusqu'à l'autre: dans ce cas, il est composé de différentes idées, de phrases et de périodes liées entre elles comme elles le sont dans un discours oratoire.

Les idées musicales se divisent en outre:

1° EN IDÉES MÈRES; une idée mère est celle qui est la plus étendue, la plus complète et la plus importante dans un morceau: par exemple, le début d'une symphonie, d'une ouverture &c. doit être une idée mère.

2° EN IDÉES ACCESSOIRES; une idée accessoire est courte, le plus souvent incomplète; les idées accessoires se placent ENTRE les idées mères: elles servent de liaison entre différens tons comme entre différentes idées plus importantes.

3° EN PHRASES; une phrase est un membre d'une période, et souvent aussi une idée accessoire.

4° EN PÉRIODES; une période est un sens musical terminé par une cadence parfaite: une idée mère doit former une période régulière qui peut être plus ou moins longue.

5º EN IDÉES DONT L'INTÉRÊT EST UNIQUEMENT MÉLODIQUE (1). Une idée de ce genre peut être idée mère ou idée accessoire.

6º EN IDÉES DONT L'INTÉRÊT EST PUREMENT HARMONIQUE; une idée de ce genre ne peut être qu'une idée acces-soire et non une idée mère.

7º EN IDÉES QUI TIRENT leur intérêt DE LA RÉUNION DE L'HARMONIE AVEC LA MÉLODIE; cette sorte d'idées peut être employée, soit comme idée mère, soit comme idée accessoire.

II

DE LA CRÉATION DES IDÉES MUSICALES.

La faculté de produire ou de créer nous est donnée par la nature: elle est plus ou moins active dans les uns que dans les autres: quelquefois elle est si faible dans beaucoup d'individus, qu'elle semble presque nulle: quelquefois aussi elle n'est qu'engourdie, et peut demeurer en cet état durant toute la vie, si un hasard heureux ou des circonstances favorables ne lui donne pas l'occasion de se développer. Cette faculté que l'on nomme vulgairement GÉNIE[2] est accompagnée de phénomènes remarquables, sur lesquels une longue expérience nous a fourni les éclaircissemens suivans qui peuvent rendre service aux jeunes artistes.

1º Quand la faculté de créer est dans sa pleine activité, les idées abondent avec une facilité inconcevable, mais non toujours dans l'ordre convenable. Dans ce cas il est bon (pour n'en pas perdre une partie) de les noter brièvement, ou plutôt de les indiquer seulement, sur une ou deux portées, sauf à choisir plus tard ce qui convient le plus, et à y mettre l'ordre nécessaire. Les idées que l'on trouve de cette manière sont ordinairement des diamants bruts, qu'il faut polir ensuite. Lorsque l'âme est ainsi dans cette disposition, un feu électrique circule dans les veines, et l'imagination est comme si elle était embrasée, on se croit transporté dans des régions inconnues à soi même; le bonheur dont on jouit alors ne se laisse point exprimer. Il est impossible de se faire une idée juste de cet état de l'âme si on ne l'a point éprouvé par soi même.

2º La faculté de créer ne se manifeste pas toujours avec la même force. J'ignore les véritables causes de cette variété qui nécessairement doit influer sur la matière créée, en la rendant plus ou moins neuve, plus ou moins originale, plus ou moins intéressante.

3º La faculté de créer ne peut s'acquérir, ni par le travail, ni par le temps: mais elle est susceptible, comme toutes les autres facultés morales et phisiques, d'un grand développement, d'un perfectionnement remarquable par un exercice constant et rarement interrompu. Elle agit ordinairement très faiblement dans l'origine, ou bien elle s'annonce avec une impétuosité extrême, et opère d'une manière très déréglée. En cet état primitif elle ne présente que des idées imparfaites, sauvages, incohérentes. Il serait dangereux de rester longtemps de suite dans cette situation, ou de la provoquer trop souvent; car il pourrait en résulter l'habitude d'une création confuse et tout à fait désordonnée. Le remède que j'ai employé contre cette impétuosité dangereuse m'a réussi. Pour calmer l'effervescence d'une imagination par trop ardente et qui était presque toujours accompagnée de maux de tête, j'ai pris la résolution d'étudier la géometrie et particulièrement l'algèbre, sans discontinuer cependant de pratiquer mon art. Au bout de quelques années mon imagination devint plus réglée, plus docile et plus propre à produire: les accidens fâcheux dont elle était accompagnée dans l'origine disparurent.

4º Il est à remarquer qu'à force de composer on peut acquérir une routine qui donne la facilité de travailler lors même que la véritable faculté de créer est en repos. Mais dans ce cas les productions deviennent d'une nature bien inférieure: Le compositeur rentre dans la classe ordinaire; seulement il reste un harmoniste habile s'il possède, dans la perfection, cette partie de l'art. (3)

---

(1) Ce qui n'exclut pas l'harmonie pour les accompagner; mais cette harmonie n'est d'aucun intérêt isolément prise.

(2) Du mot latin GIGNERE, qui signifie produire, enfanter, créer.

(3) Cependant on peut remarquer que cette manière de travailler à cela de bon qu'elle entretient l'artiste dans la pratique de son art, et lui donne (lorsqu'il veut réaliser ses idées) cette grande facilité qui seconde si puissamment l'activité de la faculté créatrice. De grands génies nous ont laissé souvent bien des ouvrages qui n'ajoutent rien à leur réputation; et il peut être que ces productions nous ont valu celles qui les ont immortalisés.

256

5° La faculté de créer n'est pas toujours en activité: elle exige (comme toutes les autres facultés) qu'on la laisse reposer. Ces repos demandent plus ou moins de temps, selon qu'elle a été plus ou moins fatiguée. Durant le temps de ces repos elle se refait, se rafraîchit, prépare de nouveaux matériaux et acquiert de nouvelles forces. Lorsqu'elle est dans son état naturel de repos, il est dangereux de la forcer d'agir. Aussi éprouve-t-on de la peine, dans ce cas, à la mettre en activité; ce qui est un avertissement certain que son temps d'action n'est pas encore venu: dans le cas contraire, un besoin impérieux de produire stimule le compositeur, son imagination s'échauffe, et l'inspiration créatrice s'empare de lui. Ces temps périodiques que la faculté de créer exige pour se remettre, et qui durent quelquefois quinze jours, trois semaines, un mois et plus, allarment, désolent dans l'origine, c'est à dire avant qu'on ne soit convaincu de leur utilité et de leur nécessité. On s'imagine alors que la nature nous a refusé les qualités nécessaires à un compositeur. Haydn **conseillait de mettre à profit** ces temps de repos, non pas pour composer, mais pour étudier les différentes branches de l'art, en faisant des exercices pour s'entretenir dans le travail.

6° Il est également dangereux de forcer la faculté de créer, et de rester en permanence lorsqu'elle s'y refuse et exige du relâche. On est souvent puni de n'avoir point voulu lui accorder ces repos; et la punition peut même devenir si sévère, qu'elle force l'artiste de cesser ses travaux pendant un temps considérable. Haydn est devenu la victime d'une pareille imprudence: dix ans avant sa mort, après avoir fini son ORATORIO, LA CRÉATION DU MONDE, qui l'avait déjà beaucoup fatigué, il entreprit immédiatement après, son second oratorio, LES QUATRE SAISONS. La faculté de créer, fatiguée à l'excès, disparut tout à coup et ne lui permit plus de s'occuper le reste de ses jours. Il était hors d'état de pouvoir, ni combiner, ni lier deux ou trois idées musicales, ce qui le rendit inconsolable pendant tout le reste de sa vie.

7° Il arrive aussi quelquefois que la faculté de créer s'annonce spontanément et cesse d'agir un instant après. Il est difficile de donner une raison de ce phénomène. Ce fut de la sorte qu'elle abandonna Haydn après lui avoir fourni les huit premières mesures de sa symphonie en Sol mineur: et ce ne fut qu'au bout de quinze jours qu'il put trouver une suite à ce début, et continuer le morceau. La même chose peut arriver à d'autres; mais ce qui peut réussir souvent dans des cas semblables, pour trouver une suite à ses idées, c'est de RÉPÉTER CONTINUELLEMENT ET SANS DISTRACTION LES PREMIÈRES IDÉES TROUVÉES.

8° Nous ignorons s'il existe des moyens qui puissent mettre la véritable faculté de créer en activité chaque fois que l'artiste en a besoin, ou qu'il le désire. Il y a des personnes qui croient que l'on peut la provoquer et la mettre en action, soit par l'usage des liqueurs spiritueuses, qui portent au cerveau, soit par l'influence du beau sexe, soit enfin par l'amour de la gloire. Ces moyens ne peuvent être qu'illusoires: dans tous les cas, ils ne sauraient opérer que MOMENTANÉMENT. Mais lorsque la faculté de créer manifeste naturellement son activité, on peut souvent l'entretenir en cet état durant un temps assez considérable; dans ce cas il faut éviter les distractions fortes et longues, et travailler tous les jours.

9° Quantité de choses influent plus ou moins désavantageusement sur la faculté de créer. Un caractère triste et sombre, le dégoût, des chagrins, un climat froid et nébuleux, une constitution trop délicate, des occupations qui n'intéressent point l'âme, des excès de différens genres, des circonstances malheureuses &c. Toutes ces causes peuvent l'affaiblir considérablement et même la détruire.

10 La faculté de créer diminue le plus souvent en force, en activité et en énergie avec l'âge. Cependant, nous avons quelques exemples du contraire qui sont assez frappants. Haydn a composé ses meilleurs ouvrages entre 59 et 64 ans; Hændel a fait son MESSIE à 80 ans; Gluck avait près de 59 ans quand il conçut ses opéras pour la scène française. Cette faculté est plus ou moins forte, plus ou moins active et reste plus ou moins en vigueur chez les uns que chez les autres. Elle existe aussi bien pour la poésie, la peinture, la sculpture et l'éloquence que pour la musique. C'est à elle que les artistes célèbres doivent leur gloire, et c'est par elle que les siècles de Périclès, d'Auguste, de Léon 10 et de Louis 14 furent illustrés.

III

DE L'EXPOSITION DES IDÉES.

Exposer ses idées, c'est les faire entendre enchaînées convenablement, telles qu'on les a inventées. Cette exposition doit nécessairement en précéder le DÉVELOPPEMENT: ce dernier perdrait la plus grande partie de son intérêt si on l'entreprenait avec des idées non connues ou non entendues auparavant.

Il est important que les idées dans l'exposition soient claires, franches et bien distinctes les unes des autres.

Dans les morceaux qui sont divisés en deux parties générales (comme par exemple dans les premiers morceaux d'un quatuor ou d'une symphonie) la première partie sert à l'exposition des idées, et la seconde à leur développement.

Nous allons analyser la première partie (ou l'exposition) de l'ouverture de Mozart qui est à la tête de son opéra Le NOZZE DI FIGARO. Nous donnons ici cette première partie sur deux portées seulement, ce qui suffit à cette analyse.

48
FP
FP
FP
FP
FP
nouvelle idée en La de 8 mesures.
même idée répétée.
idée accessoire de 11 mesures.

Après un conduit de 11 mesures qui amène la seconde partie, Mozart reprend le motif et transpose en Ré ce qui est en La dans la première partie, en y ajoutant un Crescendo de 16 mesures et une Coda de 45 mesures. Dans cette seconde partie, il n'y a que transposition d'idées sans leur développement.

Cette exposition a toutes les **qualités** requises: les idées sont claires et franches, elles sont suffisamment variées et parfaitement bien distinctes les unes des autres; elles ont du charme, de l'intérêt; on les retient facilement; leur enchaînement est naturel et parfaitement bien senti.

Mozart a jugé à propos de ne pas faire usage du DÉVELOPPEMENT D'IDÉES, dans la seconde partie de cette ouverture, par les considérations suivantes:

Dans l'origine, l'ouverture d'un opéra n'avait pour but que de préparer les auditeurs (souvent très bruyants dans le parterre) à écouter avec plus d'attention ce qui allait se passer sur la scène; elle devait ramener le calme et le silence. Alors on n'écoutait qu'avec beaucoup de distraction une ouverture, et souvent même on n'y faisait pas attention, ce qui arrive encore par fois de nos jours, surtout en Italie. Les compositeurs jugèrent donc inutile d'employer un développement saillant dans la seconde partie de leurs ouvertures, qui exige pour être appréciée, non seulement beaucoup d'attention de la part des auditeurs, mais aussi que ces auditeurs soient en même temps des connaisseurs, lesquels sont toujours en fort petit nombre dans les spectacles, en comparaison de ceux qui n'entendent rien à la musique.

Si, au lieu d'une ouverture, Mozart avait voulu faire un morceau de symphonie pour le grand orchestre, il n'aurait pas manqué de développer les idées fraîches qui s'y trouvent, comme il l'a fait tant de fois et si habilement dans ses productions instrumentales. En supposant donc que les idées de cette ouverture eussent été destinées pour un morceau de symphonie, il serait instructif de voir quel parti on en pourrait tirer après leur exposition. Comme Mozart n'existe plus, qu'il ne peut plus satisfaire notre curiosité et nous donner une nouvelle leçon à cet égard, nous essayerons, dans l'article suivant, d'offrir deux exemples sur ce travail.

IV.

SUR LE DÉVELOPPEMENT DES IDÉES MUSICALES EN GÉNÉRAL.

Développer ses idées, ou en tirer parti, (après les avoir fait précédemment entendre,) les présenter sous différentes faces, c'est les combiner de plusieurs manières intéressantes; c'est enfin produire des effets inattendus et nouveaux sur des idées connues d'avance.

On a vu comme le sujet d'une fugue s'expose et quel parti on en tire ensuite dans le courant de cette production. Mais la fugue ne connait qu'une sorte de développement qui ne consiste que dans des imitations, tandis que dans le quatuor, la symphonie, l'ouverture, les morceaux d'ensemble, outre les imitations, les développemens peuvent avoir lieu de beaucoup d'autres manières, comme on le verra.

L'exposition précédente de l'ouverture de Mozart contient neuf phrases qui sont suceptibles de différents développemens; ces neuf phrases sont:

Tableau des phrases pour servir au développement.

Nº 4
Nº 5.
Nº 6
Nº 7
Nº 8
ou
Nº 9

Voici un exemple du développement fait avec les phrases N.º 3, N.º 1 et N.º 4.

Développement N.º 1.

Il se place entre la 122.ᵐᵉ et la 124.ᵐᵉ mesure de Mozart, en supposant la 123.ᵐᵉ

Z. 55.(2)

On a ajouté un contre-sujet pour accompagner la phrase N° 1. Cette sorte de développement (dont Haydn a fait le premier un si grand et un si heureux usage) se fait en modulant constamment, en transposant dans differens tons les idées, ou les phrases à développer, en créant avec ces phrases des progressions à effet, en employant des imitations, des canons. &c Il est a remarquer qu'une IDÉE LONGUE ne peut pas servir à cette sorte de développement: mais en prenant la tête de cette idée, c'est à dire les premières trois, quatre, cinq ou six mesures, ou bien une autre parcelle saillante de la même idée, on peut toujours l'employer avec succès.

En analysant l'exemple précédent, on trouve 1° que les premières huit mesures sont faites avec la phrase N° 3, quatre fois répétées au moyen de la progression mélodique; 2° que les 29 mesures suivantes sont faites avec la phrase N° 1 qui se reproduit quatre fois (avec son contre-sujet) dans quatre tons differens; 3° que les neuf mesures suivantes contiennent un canon (fait avec les deux premières mesures de la phrase N° 1) entre le premier violon et la basse; 4° que les huit mesures suivantes sont encore une fois tirées de la phrase N° 3 qui s'y trouve quatre fois répétée au moyen de la transposition; 5° que les dernières douze mesures sont employées à tirer parti de la phrase N° 4 au moyen d'une progression.

Cette sorte de développement (surtout lorsqu'il est d'une certaine étendue) se place ordinairement À LA TÊTE de la seconde partie, dans la grande coupe binaire, comme par exemple dans le premier morceau d'un quatuor, d'un quintetto, d'un sextuor, d'une symphonie. &c. Le développement précédent est fait de manière à ce qu'il peut commencer dans la mesure finale de la première partie de l'ouverture de Mozart; cette mesure est marquée par un ℅ La dernière mesure de ce développement étant la même que celle indiquée par ℅ il s'en suit que l'ouverture peut continuer la seconde partie, en partant de cette même mesure qui est la 123me dans l'ouverture de Mozart.

Le développement suivant a la même propriété: on le placé entre la 122me et la 124me mesure de MOZART, en supprimant la 123me. Le voici:

Développement N.° 2.

Il remplace la 123me mesure de Mozart.

Z.55.(²)

Ce second développement, un peu plus étendu que le premier, est conçu avec les phrases Nᵒˢ 3, 1, 9, 8, 7, 2, Nᵒ 6. Nᵒ 4 et Nᵒ 5. Les premières dix mesures sont faites avec la phrase Nᵒ 3. Dans les 29 mesures suivantes, les phrases Nᵒ 7 et Nᵒ 9 sont en dialogue, suivi d'un développement partiel de la phrase Nᵒ 9; 8 mesures. Dans les 32 mesures suivantes, les phrases Nᵒ 8. Nᵒ 7 et Nᵒ 2 alternent deux fois de suite. Les douze mesures suivantes servent à tirer un nouveau parti de la phrase Nᵒ 8. Dans les 14 mesures suivantes, on a employé la phrase Nᵒ 6. Le reste sert à rappeler les phrases Nᵒ 4 et 5 et à amener la dominante du ton de RÉ pour pouvoir continuer l'ouverture en partant de sa 124ᵐᵉ mesure.

Il est inutile de remarquer que les deux développemens ne peuvent pas servir à la fois et qu'il faut choisir l'un ou l'autre. On en a donné deux pour montrer les chances et la richesse que cette ressource précieuse offre à l'art. Voici maintenant les deux développemens en partition, selon le nombre des instrumens employés par Mozart.

N.º I. Ce développement se place entre la 122.ᵐᵉ et la 124.ᵐᵉ mesure de Mozart, en supprimant la 123.ᵐᵉ

250
Solo
Solo
p
Solo
p
Solo
a deux
Z.55.(2)

Solo
p
Solo
a deux
F
F
F
F
a deux
F
F
Z. 55.(2)

252
Col Vno 1o
Col Basso
F
Fz
Fz
Fz
Fz
Fz
Fz
Fz
Fz
Fz
Fz
Fz
Fz
Z.5512
Fz

Fz
Fz
Fz
Fz
Col Basso
Fz
à deux
à deux
à deux
FP
FP
FP
FP
FP
FP
FP
p
Z.55.(2)

Nº 2. Ce développement se place également entre la 122ᵐᵉ et la 124ᵐᵉ
mesure de Mozart, en supprimant la 123ᵐᵉ

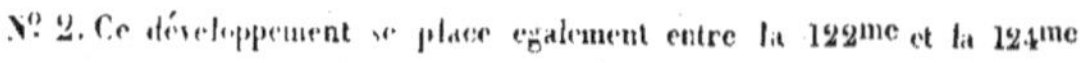

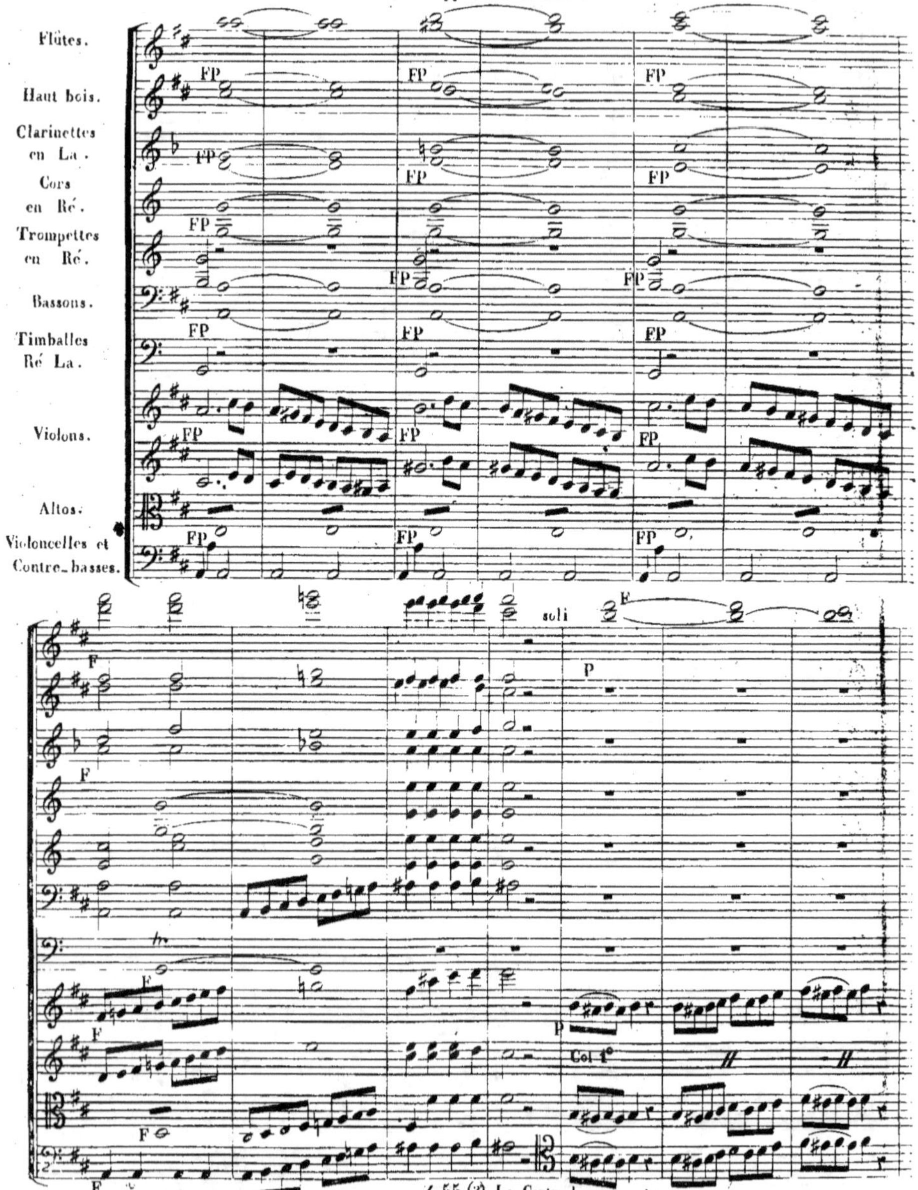

Flûtes.

Haut bois.

Clarinettes
en La.

Cors
en Ré.

Trompettes
en Ré.

Bassons.

Timballes
Ré La.

Violons.

Altos.

Violoncelles et
Contre_basses.

soli

Z. 55. (2) La Contre_basse compte.

Solo
p
Solo
tutti bassi.
p
Soli
p
Solo
Col 1º
Col Basso
Z.55.(2)

256
P
Solo
Solo
Z.55.(2)

Solo
Solo
Z 55 (2)

258
Solo
Z.55.(2)

2.55.(2)

F
F
F
F
F
Col Basso
F
F
F
F
F
F
7.55. (2)

Les deux développemens sont nécessairement différens, parceque le premier n'a lieu qu'avec trois phrases, tandis que le second est fait avec neuf. Mais il est possible que le même nombre de phrases donne dif_férens exemples de développement. Dix compositeurs feront dix développemens différens avec les mêmes idées; chacun d'eux le fera selon sa capacité, son goût et son génie. Il peut donc arriver assez fréquemment qu'un auteur, en méditant bien sur le développement de ses idées, trouve une plus grande quantité de matériaux qu'il n'en veut employer. Dans ce cas il en supprime une partie et ne choisit que ce qui lui semble le mi_eux et ce qui produit le plus d'effet. Ainsi par exemple les deux développemens précédens pourraient en fournir un troisième, en prenant dans l'un et dans l'autre ce qui est le plus saillant, et en sacrifiant le res_te. Dans ce cas, il faudrait mettre dans un nouvel ordre ce que l'on voudrait employer.

Mais un développement riche et très étendu, dont la matière est neuve, intéressante (en produisant constam_ment de l'effet) peut s'employer tout entier avec succès dans un grand morceau de musique. Pour cela, il faut que le compositeur trace le plan de son morceau en conséquence; qu'il n'employe pas toutes ses ressources coup sur coup; qu'il divise sa matière, l'interrompe, la reprenne à plusieurs reprises &c. On trouve un grand développement d'idées dans les douze dernières symphonies d'Haydn, que nous recommandons aux élèves d'a_nalyser avec soin.

Comme un développement se fait toujours avec des idées exposées d'avance, son intérêt dépend de la na_ture de ces idées. Des idées ternes, communes, sans attrait et insignifiantes, fourniront des développemens qui peuvent avoir les mêmes vices. Il est donc très important de créer et de choisir des idées intéressantes cha_que fois que l'on désire les employer au développement. Mais il est possible aussi de manquer totalement le développement, quoique ce soit avec de fort bonnes idées, faute de talent de la part du compositeur: il faut AUTANT DE GÉNIE pour faire de beaux développemens que pour créer des idées neuves et saillantes.

Un développement d'une grande étendue ne peut avoir lieu que dans des morceaux d'un mouvement accé_léré, dans les ALLEGRO et dans les PRESTO. Dans les ADAGIO et les LARGO les développemens sont toujours

262

beaucoup moins considérables à cause du mouvement de ces morceaux. Dans les ANDANTE il peut être un peu plus étendu.

Quant à l'utilité et l'importance du développement, il suffit de remarquer qu'il est le plus bel ornement d'un morceau de musique. Une quantité prodigieuse de morceaux, dont les idées sont heureuses, ont cessé depuis longtemps de nous intéresser, parceque les auteurs de ces productions ne savaient tirer aucun parti de leurs idées. C'est ce développement qui imprime aux morceaux un cachet qui peut les rendre constamment intéres-sans et les préserver de l'oubli. Ensuite, comment créer un GRAND MORCEAU de musique sans le secours du dé-veloppement, et sans savoir tirer un parti avantageux de ses propres idées? dans ce cas il ne reste donc d'autre moyen que d'entasser idées sur idées, ou de répéter avec une continuité monotone quelques idées, sans nulle autre modification que la transposition: l'un et l'autre sont de mauvais moyens. Une grande quantité d'idées différentes qui se succèdent sans relâche, ressemble à un bavardage insigniliant.

Il existe beaucoup de productions où un développement d'idées ne trouve pas de place, comme dans les airs, les nocturnes; dans une quantité de morceaux pour la danse &c; mais aussi ces productions sont elles envisagées avec juste raison comme des ouvrages purement de mode, qui (après quelque temps de vogue) disparaissent pour toujours.

On a vu dans l'analyse des deux exemples précédens que le développement se faisait

1° Au moyen de la transposition des phrases (qui sont souvent des parcelles d'idées principales;)

2° Au moyen de la progression;

3° Au moyen de l'imitation qui peut devenir quelquefois un canon de quatre à huit mesures;

4° En dialoguant avec deux ou trois phrases;

5° En ajoutant un contre-sujet en contre-point double et en tirant ensuite parti de ce contre-point au mo-yen de la répercussion.

On peut ajouter à cela les deux moyens suivans:

6° En variant les idées, ou les phrases, soit mélodiquement seulement, soit harmoniquement seulement, soit en changeant, non pas les accords, mais le DESSIN des parties accompagnantes; soit enfin par une autre distribution des parties seulement, en serrant ou en élargissant l'harmonie.

7° En changeant l'ordre des idées ou des phrases: comme par exemple, si, après avoir entendu l'exposition des idées dans l'ordre 1,2,3,4, on changeait cet ordre dans le développement en 2,1,4,3, ou en 4,1,3,2, &c:

ABRÉGER les idées longues, ALLONGER les idées courtes, MODELER adroitement et souvent, ACCOMPAGNER UNE IDÉE PAR L'AUTRE, (quand cela se peut,) PROMENER une idée dans les différentes parties, tout cela est du res-sort du développement, pourvu que l'on produise de l'effet. Enfin, le véritable développement est une combi-naison quelconque des idées musicales. En changeant les idées, il faut changer le développement, en modifiant autrement les ressources ou les moyens ci-dessus indiqués (qui sont toujours les mêmes) par de nouvelles combinaisons.

L'art du compositeur consiste donc principalement dans la création des idées, et dans leurs développemens.

Chaque fois qu'on fait entendre pour la première fois une idée, on l'expose. Une exposition heureuse est souvent le fruit du hasard, d'une inspiration momentanée, de la chaleur ou de l'effervescence de la jeunesse; mais pour bien développer ses idées, il faut être maître expérimenté, adroit et habile.

Avant de faire le développement, on NOTERA les idées, ou les phrases à développer, qui se trouvent dans l'exposition, en formant un petit tableau à l'exemple de celui que nous avons donné (page 240) à l'occasion de l'ouverture de Mozart.

On cherche ensuite ce que l'on peut entreprendre avec ces idées, et l'on indique en abrégé cette nouvelle matière, en faisant un autre petit tableau. Ces deux opérations faites, on cherchera l'ordre dans lequel cette matière devra se présenter avec plus d'effet. Quand la matière est trop abondante (ce qui peut souvent arriver selon la nature et la quantité des idées à développer) on en supprime ce qui est le moins intéressant, ou bien on la divise en deux, trois ou quatre parties, en n'employant d'abord qu'une partie, plus tard une seconde, plus tard encore une troisième &c. En interrompant de la sorte cette matière divisée en plusieurs parties, on fait alors entendre ses idées sans être développées, comme dans l'exposition, sauf qu'elles peuvent se reproduire dans un ton différent: dans ce cas on peut aussi par fois introduire quelques nouvelles idées accessoires, pourvu qu'elles ne fassent pas disparate avec les autres idées du morceau.

Il y a plusieurs manières d'exposer ses idées avant de les développer. 1° on les expose toutes de suite sans développement, comme par exemple dans la première reprise d'un premier morceau de quatuor ou de symphonie: dans ce cas elles sont enchaînées de manière à former un discours musical régulier, qui commence par la tonique et termine dans le ton de la dominante. Le développement se fait alors dans la seconde partie, comme nous l'avons dit à l'occasion de l'ouverture de Mozart. 2° ou l'on expose une idée (ou motif) que l'on développe de suite, comme par exemple dans les airs variés dans le genre de Haydn. 3° ou bien encore, on expose d'abord une idée suivie de son développement; puis on introduit une nouvelle idée que l'on développe également de suite: puis avec une troisième nouvelle idée on fait de même &c. La 3me manière pourrait servir à créer des ANDANTE, des ADAGIO, des MENUETS, dans les quatuors et dans les symphonies &c.

Pour parvenir à développer facilement et avec intérêt ses propres idées, il faut 1° être maître de l'harmonie à deux, à trois et à quatre parties; 2° savoir manier avec adresse au moins le contrepoint double à l'octave; 3° avoir une grande facilité à moduler; 4° s'exercer fréquemment sur des progressions pour en trouver de saillantes; 5° développer souvent une idée (en s'exerçant) et chercher à en tirer tout le parti possible; 6° apprendre à faire toute sorte de combinaisons ingénieuses avec deux, trois ou quatre idées; 7° étudier par des analyses fréquentes la manière dont Mozart et surtout Haydn ont développé leurs idées.

On n'a encore rien publié sur cette matière importante, elle est même inconnue à la plus grande partie des compositeurs. Ce que nous en avons dit dans cet article est essentiellement nécessaire aux élèves: l'intelligence dont chacun a été plus ou moins gratifié par la nature, les dispositions naturelles pour la musique et le bon sens des élèves doivent faire le reste.

Pour rendre cet article encore plus utile, plus instructif et plus complet, nous allons analyser les deux morceaux suivans sous le rapport du développement.

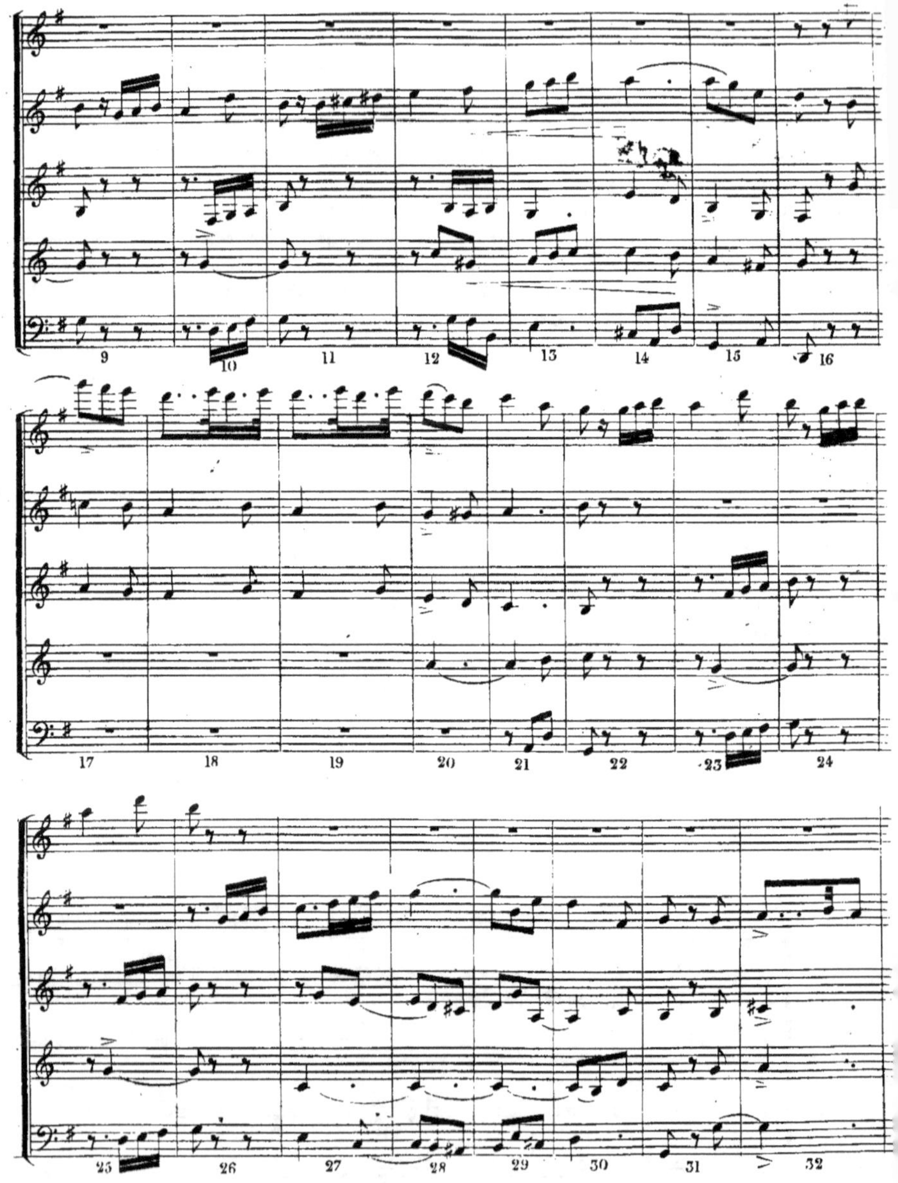

264

Z.55.(2)

79 80 81 82 83 84 85
86 87 88 89 90 91
92 93 94 95 96

114 115 116 117 118 119 120
121 122 123 124 125 126
Fz
Fz
Fz
Fz
127 128 129 130 131 132 133
Z. 55.(2)

tr
134   135   136   137   138   139
140   141   142   143   144   145
146   147   148   149   150   151   152
F
F
F
p
p

Z.55.(²)

272
175 176 177 178 179 180 181 182
183 184 185 186 187 188 189 190
191 192 193 194 195 196
Z.55.(2)

Cet ANDANTE est composé de cent quatre vingt seize mesures; mais le fond d'idées n'en contient que cinquante six, le reste (c'est à dire presque les $\frac{3}{4}$) appartient au développement. Certes, il est assez remarquable que l'on puisse prolonger avec intérêt un morceau jusqu'à la concurrence de cent quatre vingt seize mesures, tandis que le fond n'en est que de cinquante six.

En analysant ce morceau on trouve:

1º Que la phrase tenant au motif ♪ est répétée de suite pour rendre l'idée quarrée;

2º Que les mesures de dix sept jusqu'à vingt huit répondent (avec une autre disposition de parties) aux mesures un, deux, trois, quatre, cinq,(en supprimant la sixième,) sept, huit, neuf et dix;

3º Que les mesures trente deux, trente trois, trente quatre et trente cinq, se répètent de suite avec une harmonie modifiée;

4º Que la phrase répétée ♪ n'est qu'une transposition avec une légère altération de la phrase ♪

5º Que les mesures soixante six, soixante sept, soixante huit, soixante neuf, soixante dix et soixante et onze contiennent le début du motif, transposé, avec une autre tournure finale à cause de la modulation: la même chose a lieu dans les six mesures suivantes;

6º Que les mesures 77, 78, 79, 80, 81, 82, 83 et 84 sont la transposition (avec une autre disposition des parties) des mesures 57 jusqu'à 64;

7º Que la même chose a lieu (avec une nouvelle transposition et une nouvelle disposition des parties) en partant de la 100${}^{\text{me}}$ mesure jusqu'à la 107${}^{\text{me}}$;

8º Qu'en partant de la 109${}^{\text{me}}$ mesure jusqu'à la 120${}^{\text{me}}$, on entend les six premières mesures du motif deux fois de suite, mais chaque fois avec une autre disposition des parties;

9º Que la phrase ♪ se reproduit dans les mesures suivantes et se termine par une progression;

10º Que l'imitation entre les quatre parties (voyez les mesures 128 jusqu'à 132) est une transposition de celle contenue dans les mesures 52 jusqu'à 56;

11º Que l'on emploie la phrase ♪ trois fois de suite transposée et mise alternativement dans la Flûte, la Clarinette et le Basson,(voyez les mesures 135 jusqu'à 145.) Cette phrase a été entendue, dans l'origine, en Mi ♭, voyez les mesures 48, 49, 50 et 51;

12º Que dans les mesures 146, 147, 148, 149, 150, 151, 152 et 153 on fait un conduit pour arriver d'Ut en Ré majeur, et que l'on rappelle, dans les mesures 149, 150, 151, 152 et 153, une idée que l'on a entendue dans le commencement (voyez les mesures 12, 13, 14, 15 et 16.)

13º Que les mesures 154 jusqu'à 160 sont une transposition de l'idée (voyez les mesures 32 jusqu'à 38.)

14º Qu'en partant de la 164${}^{\text{me}}$ mesure jusqu'à la 171${}^{\text{me}}$ on a mis en dialogue (entre le Cor et le Basson) la phrase ♪ précédemment entendue;

15º Que dans les dix mesures suivantes on reproduit deux fois une phrase (la seconde fois octave plus haut mélodiquement et harmoniquement) que l'on a entendue dès le commencement (voyez les mesures 27 jusqu'à 37;)

16º Que l'on en fait de même avec l'idée ♪ dans les mesures 183 jusqu'à 190; et que les quatre mesures qui suivent sont faites avec les sept dernières notes de cette même phrase.

Allegro poco vivo. ♩=Met: 116.
Flute.
Haut_bois.
Clarinette en Si.
Cor en Fa.
Basson.
F
p
Fz
FF
p
Z.55.(2)

p
Z..55.(²)

276

Fz
Fz
Fz
Fz

Solo
F
F
P
F
F
F
Z..55.(2)

p
p
mF
p
p
Z. 55. (2)

Cres
Cres
Cres
Cres

Fz
Fz
F
P
F
F
P
F
F
F
L.55.(*)

p
p
p
F
F
1
1.55.(2)

Fin de la 1re
partie du morceau
p
p
p
p
55
mesures
Da
Capo
F
F
Solo
F
F
mF
F
F
F
P
P
F
P
F
P
P
1
2
3
4
5
6
P
7
8
9
10
11
12
13
L.55.(2)

284
Cres
Cres
Cres
Cres
33 34 35 36 37 38 39
FP
F
P
P
F
F
40 41 42 43 44 45
Cres
Cres
F
P
FP
F
Cres
F
46 47 48 49 50 51

52 53 54 55 56 57 58 59
p p mF
60 61 62 63 64 65 66 67 68
69 70 71 72 73 74 75
7.55.(2)

76
77
78
79
80
81
82
83
84
85
86
87
F
F
88
89
90
91
92
93
94 F
7.55.(2)

Solo
mF
p
p
95 96 97 98 99 100 101 102 103 104 105
106 107 108 109 110 111
112 113 114 115 116
Z. 55.(2)

Fz
Fz
117
118
119
120
121
122
Fz
123
124
125
126
127
128
129
F
F
F
F
130
151
152
153
154
135
156
137
7.55 (2)

Col Flauto al 8va bassa
138 139 140 141 142
143 144 145 146 147
148 149 150 151 152
Z..55.(2)

Analyse du morceau précédent.

Pour analyser cet allegro, il faut d'abord le diviser en mineur et en majeur. La partie qui est en mi-
neur au commencement du morceau, contient 57 mesures. Le motif s'y reproduit trois fois, mais chaque fois autrement accompagné, et exécuté par une autre partie. Les deux dernières répétitions de ce motif appartiennent déjà au développement. Au moyen de ces deux répétitions on a pu
étendre ce mineur jusqu'à 57 mesures, quoique le fond d'idées n'y soit que de 24 mesures à peu près.

Le développement principal et ultérieur de ce morceau se fait avec les idées du majeur. On peut envisager
les idées placées ENTRE les deux mineurs, (car le mineur s'exécute encore une fois dans le courant) comme une
nouvelle exposition dont on tire parti plus tard. Les phrases à développer de ce majeur sont contenues dans le tableau que voici:

Tableau des idées et des phrases qui servent au développement
après la reprise du mineur.

Ce morceau est conçu dans la grande coupe binaire. La première partie se termine en UT, comme on
le trouve indiqué dans la partition. Les trois mesures qui suivent, servent de conduit pour reprendre le
mineur qui s'exécute tel qu'il a été entendu la première fois. Il n'éprouve donc point de nouveau développement par la raison suivante : On a jugé à propos de développer les idées du majeur; comme ce développement est assez considérable, et rend le morceau suffisamment long, le développement du mineur devenait su-
perflu; il aurait trop allongé et trop compliqué la seconde partie de ce morceau, qui commence également
ici par la reprise du mineur : Quand on a trop de phrases à développer, il faut en sacrifier une partie. Revenons au majeur qui suit la reprise du mineur. Ce majeur (dont les mesures sont numérotées) ne consiste presque qu'en développement.

Les idées à développer intéressent en général 1.° par le chant (la mélodie) ou 2.° par l'harmonie : dans
ce dernier cas il faut les développer AVEC CETTE HARMONIE, ou bien substituer à cette harmonie une autre qui ait au moins le même intérêt; mais il faut toujours que cette substitution soit faite de manière à ce
que l'auditeur puisse reconnaître les idées qu'on développe.

Un exemple va éclaircir cette proposition. Si on voulait
tirer parti de l'idée suivante, en changeant l'harmonie
qui est plus intéressante que le chant isolément pris :

Il faudrait toujours garder au moins la partie supérieure comme prédominante. Car c'est cette partie qui fera dans ce cas reconnaitre l'idée que l'on voudra développer, comme on le sentira facilement par les deux exemples suivans:

Revenons au développement principal du morceau. Pour analyser le majeur dont les mesures sont numérotées, il faut le comparer avec le majeur qui le précède, et dont nous avons donné (dans le tableau ci dessus) les phrases, au nombre de douze, qui servent au développement. Les mesures une, deux, trois et quatre (du second majeur) se font avec la phrase N° 1, consignée dans le tableau, mais avec un léger changement et une autre disposition des parties qu'au commencement du premier majeur. Les mesures de cinq jusqu'à douze contiennent une portion de la phrase N° 2. La disposition des parties est ici également changée. La phrase N° 3 est cinq fois répétée, (dans trois tons différens) et chaque fois par une autre partie, en partant de la 15me mesure jusqu'à la 24me. Les 25me et 26me mesures font suite à cette phrase, mais dans un autre ton et avec une autre distribution des parties que dans le premier majeur.

On trouve, en partant de la 27me mesure jusqu'à la 56me, les premières sept notes de la phrase N° 11 développées; c'est un dialogue entre les deux parties extrêmes, et formant en même temps une progression. Ces sept notes s'exécutent en unisson seulement dans le premier majeur. On voit un travail (en partant de la 57me mesure jusqu'à la 56me) avec les phrases N° 6 et N° 5. Les mesures de 58 jusqu'à 65 contiennent les huit premières mesures de la phrase N° 2, qui n'ont pas été encore employées. Les trois dernières mesures de la phrase N° 2, en dialogue avec les trois dernières mesures de la phrase N° 11, se trouvent en partant de la 66me mesure jusqu'à la 77me. La phrase N° 8 se reproduit deux fois de suite (comme dans l'origine,) voyez les mesures 78 jusqu'à 85. Dans les huit mesures suivantes (depuis 86 jusqu'à 95) on tire parti de la phrase N° 4. Les mesures 97 jusqu'à 104 ne sont qu'une transposition D'UT en FA (avec une cinquième partie ajoutée) de la phrase N° 7. Les huit mesures (105 jusqu'à 112) sont une répétition (avec un léger changement) de ce qu'on a entendu précédemment (voyez les mesures 78 jusqu'à 85.) Dans les mesures 113 jusqu'à 128 on a fait l'emploi de la phrase N° 10. Dans les mesures 129 jusqu'à 136 on trouve la phrase N° 12. Le reste de ce morceau est ce que l'on appelle CODA ou COUP DE FOUET, que l'on ne doit jamais négliger dans un morceau important. On a trouvé le moyen dans cette coda de tirer encore quelque parti de la phrase N° 5 (voyez les mesures 141 jusqu'à 145) et d'employer vers la fin la phrase N° 9 (voyez les mesures 145 jusqu'à 157.)

Il y a trois manières de faire une Coda:

1° On y emploie des idées nouvelles. Dans ce cas il faut être sur ses gardes pour ne pas réaliser la Coda avec des idées tout à fait étrangères au morceau;

2° On fait la Coda, partie avec des idées nouvelles, et partie avec des idées précédemment exposées dans le morceau, et qu'on développe plus ou moins;

3° Ou enfin, on fait la Coda, presque entière avec des idées connues, c'est à dire précédemment entendues dans l'exposition. Dans ce cas il faut avoir soin, en développant ses idées, de réserver pour la Coda ce qui est le plus saillant, et ce qui peut produire le plus d'effet.

On peut compter aussi comme moyen de développement, une répétition fréquente et non interrompue d'une phrase mélodique, mais dont l'accompagnement et l'harmonie changent continuellement; ce qui peut se faire avec intérêt huit, dix ou douze fois de suite. Mais il faut que la phrase chantante avec laquelle on fait ces répétitions soit courte et facile à retenir. Voici un exemple de ce genre de développement, qui peut servir à un MENUET, ou à un TRIO de ce MENUET. Le chant, douze fois répété, y est placé dans la partie du haut-bois.

Allegro. ♩ = m.96.
Flûte.
Haut-Bois.
Solo
Clarinette.
Cor en Sol.
Basson.
p
p
p
Z. 55.(2)

V.

SUR LES COUPES OU CADRES DES MORCEAUX DE MUSIQUE QUI SONT LE PLUS AVANTAGEUX AU DÉVELOPPEMENT DES IDÉES.

Nous avons parlé dans notre traité de mélodie des différentes coupes des morceaux de musique; mais cette matière y est traitée particulièrement sous le rapport de la musique vocale, où le chant est prédominant. Dans cet article nous analyserons les coupes sous le rapport de la musique instrumentale dans laquelle le développement joue un rôle bien plus important que dans la musique vocale, où l'on n'en fait qu'un faible usage. Ces coupes sont:

1º La grande COUPE BINAIRE, qui se divise en deux parties principales et dont nous avons déjà fait plusieurs fois mention. Cette coupe est la plus importante: mais aussi lorsqu'on s'est bien familiarisé avec elle, on ne trouve pas beaucoup de difficulté à composer dans les autres coupes.

2º La COUPE TERNAIRE, qui se divise en trois parties;

3º La COUPE DU RONDEAU;

4º La COUPE LIBRE OU LA COUPE DE FANTAISIE;

5º La COUPE DES VARIATIONS;

6º La COUPE DU MENUET.

DE LA GRANDE COUPE BINAIRE.

Cette coupe se divise comme nous l'avons dit en deux parties principales. La première partie sert à l'exposition des idées inventées. La seconde partie se subdivise en deux SECTIONS dont la première sert au développement des idées, et la seconde à leur transposition.

De la première partie consacrée à l'exposition des idées.

Dans cette première partie il faut tout créer, tout inventer: elle est l'unique fruit de l'inspiration et du génie; c'est de cette création que dépend l'intérêt général du morceau. On n'y développe rien, ou si l'on y emploie cette ressource, ce n'est que passagèrement. Voici approximativement la marche des idées de cette première partie:

1º Le motif, ou la première IDÉE MÈRE. Il est composé d'une période complète, plus ou moins longue, et doit terminer dans le ton principal que nous supposons ici RÉ MAJEUR.

Il y a des motifs de 8 jusqu'à 24 mesures et plus. Quand le motif est long, on y répète presque toujours des petites phrases, ou bien on le répète en entier, comme dans l'ouverture de Mozart que nous avons analysée. Il y a plusieurs moyens de prolonger convenablement un motif. Supposons que le compositeur ait trouvé les huit mesures suivantes, qui pourraient servir au début de son morceau:

Si l'on désire prolonger ce motif, on n'a qu'à le répéter avec une modification quelconque: la première fois PIANO, la seconde fois FORT; ou, la seconde fois à une autre octave; ou par un autre instrument: ou bien (quand le morceau est pour l'orchestre) la première fois le rendre seulement par les instrumens à cordes, et la seconde fois par toute la masse de l'orchestre, &c:

Autre version.

On peut terminer les huit premières mesures à la dominante (en LA) par une cadence parfaite; ou bien aussi, on peut les finir en FA♯ mineur, plus rarement en SI mineur. Après quoi on répète le motif, en le terminant en RÉ.

Si l'on désire prolonger davantage ce motif, on ajoutera huit nouvelles mesures avant la répétition, par ex:

Cet exemple peut encore avoir deux petites reprises, comme cela se fait quelque fois dans les derniers mor_ ceaux de quatuors et de symphonies: par exemple ......

En outre, on peut encore ajouter à l'exemple N°3, quelques mesures de conduit entre la huitième et neuvi_ ème mesure, et une petite Coda après la vingt troisième mesure. Le motif N°1 est le plus court: le motif N° 3 est le plus long, surtout avec le conduit et la Coda.

2° Le motif ainsi réglé, on crée une espèce de PONT, composé d'idées accessoires, pour arriver à la SECONDE I_ DÉE MÈRE. Ce pont a pour but d'effacer momentanément l'impression du ton primitif RÉ, et de substituer à sa place la dominante LA qui devient la nouvelle tonique. C'est par cette raison que l'on peut moduler sur ce pont plus ou moins hardiment, selon sa longueur. Lorsqu'il est très court, il ne peut guère parcourir d'autres accords que ceux contenus dans l'une des quatre séries suivantes:

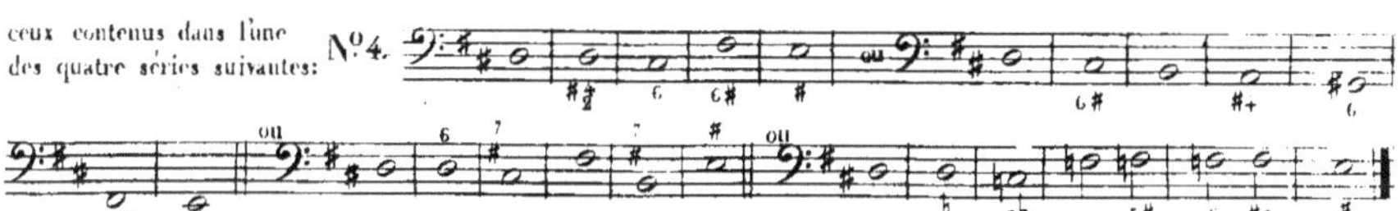

L'une de ces quatre séries est nécessaire pour arriver sur la DOMINANTE DE LA, qui est le moyen le plus sûr pour fixer le ton de LA majeur comme nouvelle tonique.

Lorsque le pont est long, on peut moduler sans cesse et parcourir beaucoup de tons différens, pourvu que l'on arrive finalement d'une manière satisfaisante sur la dominante de la nouvelle tonique. Un pont court n'a par fois que quatre à huit mesures: un pont long en a de vingt à trente et plus, surtout en y employant à la fin une Pédale sur la dominante de LA.

✱ Quand le motif est en ré mineur, cette modulation passagère se fait en fa majeur (rarement en la mineur.)

3° UNE SECONDE IDÉE MÈRE, ou un second motif. Ce second motif est en LA. On peut faire sur lui les mêmes remarques que sur le motif initial, sauf que la répétition peut se faire aussi en La mineur lorsqu'on désire le répéter.

4° Après la seconde idée mère, on prolonge l'exposition par quelques nouvelles idées accessoires, plus ou moins longues, en modulant passagèrement dans quelques tons.*On finit en La majeur.

La première partie peut avoir de soixante à cent cinquante mesures; cela dépend de la quantité, de la variété et de l'interet ou du charme des idées, et ensuite de la mesure et du mouvement de la mesure. Cette première partie se répète dans les premiers morceaux de symphonie, de quatuor, de quintetti, de sonate &c. Elle se répète rarement dans les finales de ces productions, et jamais dans les ouvertures. En cas de reprise, on fait souvent un conduit à la fin pour recommencer; on passe presque toujours ce conduit la seconde fois.

De la seconde partie de la grande coupe binaire.

Quand la première partie a une reprise, on ne doit pas commencer la seconde partie dans le ton principal, c'est à dire que l'on ne doit pas commencer trois fois en ré majeur, deux fois la première partie et une fois la seconde. Mais on peut attaquer la seconde partie dans l'un des tons suivans, lorsque la première partie termine en La majeur:

A   En LA   majeur:
B   En LA   mineur:
C   En MI   majeur: On peut attaquer ces six   tons immédiatement, ou
D   En FA # mineur: bien y arriver   par une modulation très brève.
E   En RÉ   mineur:
F   En FA ♮ majeur:

Si l'on trouve que la première partie ne contient pas assez d'idées pour en tirer la seconde, on peut commencer cette seconde partie par l'exposition d'une nouvelle idée saillante, ou d'un nouveau motif: huit à seize mesures suffisent. Dès que cette idée est une fois introduite, elle peut servir au développement, conjointement avec les idées précédentes. Il est sans doute permis d'introduire par ci par là une nouvelle idée accessoire dans le courant de la seconde partie, lorsqu'elle est naturellement amenée, ou dictée par une inspiration heureuse: et dans ce cas c'est une richesse ou une beauté de plus. C'est surtout dans la CODA du morceau, qu'une nouvelle idée peut produire tout son effet, et couronner l'oeuvre.

Nous avons dit que la seconde partie se subdivisait en deux sections: il faut par conséquent analyser chaque section isolément.

De la première section.

Cette première section est consacrée UNIQUEMENT au dévelopement des idées précédemment entendues. On y module sans cesse: rarement on reste huit mesures de suite dans le même ton: le ton de ré (le ton principal) et le ton de la majeur ne doivent s'y trouver que passagèrement. Le premier, parcequ'il doit prédominer dans la seconde section; le second, parcequ'il a été usé dans la première partie. C'est cette première section qui manque dans l'ouverture de Figaro.

Après avoir employé ce que le développement offre de plus intéressant, et après avoir parcouru une série de tons, on s'arrête communément sur la dominante primitive, sur laquelle on fait souvent une pédale suivie d'un conduit pour attaquer la section suivante.

La première partie de cette coupe est l'exposition du morceau;

La première section en est l'intrigue, ou le noeud;

La seconde section en est le dénoûment.

---

* Parmi ces idées accessoires il y a quelquefois des motifs courts, ou des périodes de 8 mesures. Voyez la dernière idée répétée dans l'ouverture de Mozart page 239.

De la seconde section.

La seconde section commence communément par le motif initial dans le ton principal (en ré;) c'est par cette raison que l'on s'arrête sur la dominante de ce ton dans la section précédente. Quand le motif est long, on l'accourcit dans cette seconde section, ou bien on en transpose une partie dans un autre ton, par exemple à la SOUS DOMINANTE, (en sol.) On peut reproduire ici les idées du PONT, mais dans d'autres tons, et souvent enchaînées différemment: ce qui sert à rétablir pour LA SECONDE FOIS le ton de RÉ, qui doit toujours prédominer dans cette section.

LA SECONDE IDÉE MÈRE se place ici, en la transposant de LA en RÉ.[*] En partant de cette idée, on transpose en général EN RÉ, tout ce que l'on a entendu dans la première partie en LA. Cette transposition se faisait jadis sans nulle autre modification: de nos jours on exige qu'on la fasse avec différens changemens qui consistent:

1° En intervertissant L'ORDRE des idées, c'est à dire en mettant avant ce qui était après;

2° En exécutant fort ce qui était PIANO, et vice versa;

3° En disposant AUTREMENT les parties;

4° En changeant l'harmonie ou les DESSINS d'accompagnement;

5° En VARIANT tant soit peu la mélodie;

6° En DÉVELOPPANT encore un peu les idées, mais d'une manière différente que dans la première section.

On couronne le morceau par une Coda intéressante.

Dans tout ce travail on module plus ou moins, mais toujours de manière à ce que l'on ne perde pas de vue le ton principal, RÉ MAJEUR.

Quand le morceau est en mineur, (par exemple en Ré mineur) on termine la première partie en FA MAJEUR, (rarement en La mineur; car en restant trop longtemps dans les tons mineurs, on attriste ou l'on ternit le morceau.) Le PONT module pour arriver sur la dominante de FA.

La première section de la seconde partie commence dans l'un des tons suivans:

FA majeur;	SI ♭ majeur;
FA mineur;	SI ♭ mineur;
UT majeur;	RÉ ♭ majeur.

On arrête cette section sur la DOMINANTE de Ré.

Il existe deux versions pour attaquer la seconde section: 1° on la commence en RÉ MINEUR par le motif; ou bien 2° on la commence en RÉ MAJEUR en transposant le motif dans ce mode, quand il ne s'oppose pas à ce changement; dans le cas contraire, on commence par la SECONDE IDÉE MÈRE, en la transposant de Fa majeur en Ré majeur. La seconde section est en général en Ré mineur, ou en Ré majeur, sauf le motif, qui peut rester en mineur dans les deux cas. Il n'est pas à conseiller de la faire en Ré mineur, parceque la transposition de FA majeur en Ré mineur peut défigurer les idées, en leur ôtant leur charme et leur éclat, et ternir le morceau, comme nous l'avons déjà remarqué.[**] Par conséquent, on transposera de Fa majeur en Ré mineur, avec les modifications indiquées ci dessus.

La seconde partie de la coupe binaire doit être toujours plus longue que la première. La différence est quelquefois comme de un à deux, ou comme de un à trois.

---

[*] Il arrive par fois que la seconde section commence par cette seconde idée; c'est surtout dans le cas où l'on a trop usé du motif initial dans le développement précédent.

[**] Cette remarque ne s'applique qu'à des morceaux d'une grande étendue: quand aux morceaux courts, il vaut mieux les terminer dans le même mode.

Quand la première partie n'a pas de reprise, comme dans les ouvertures ou dans les finales, la seconde partie peut alors commencer également dans le même ton, (en Ré)

La grande coupe binaire, telle que nous venons de l'analyser, éprouve souvent les modifications suivantes:

1° On y supprime quelquefois le PONT, en attaquant de suite (après le motif) la nouvelle tonique;

2° LA SECONDE IDÉE MÈRE est par fois si courte, ou si peu apparente, qu'elle se confond avec les idées accessoires; ce qu'il faut chercher à éviter.

3° La seconde section, si elle n'est pas tout à fait supprimée comme dans l'ouverture de Figaro, est souvent si faible, ou si insignifiante, qu'elle ne mérite pas que l'on y fasse attention;

4° Le développement principal, au lieu de se trouver dans la première section, est placé dans la seconde section, et dans ce cas la première section n'est pas nécessaire, ou bien elle se confond avec la seconde.

Pour que la grande coupe binaire se grave mieux dans la mémoire des élèves, nous la figurerons ici sur trois lignes:

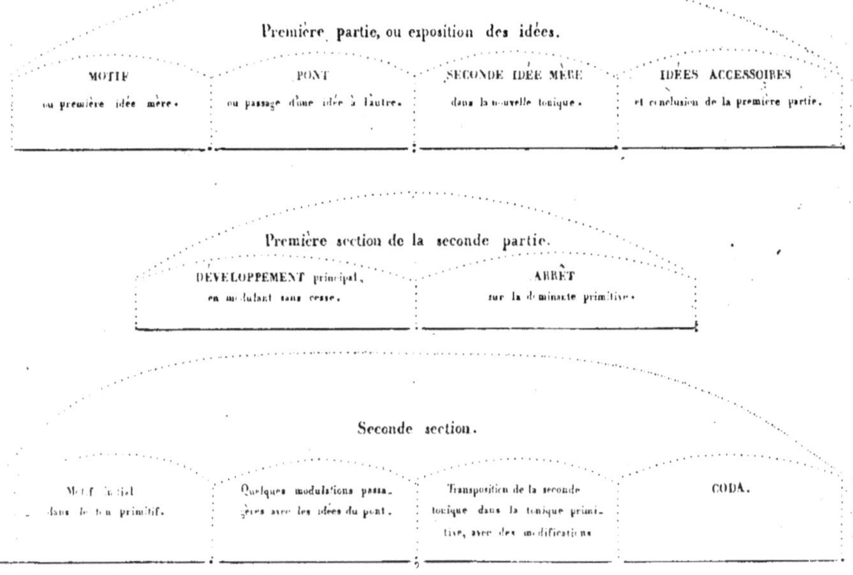

DE LA GRANDE COUPE TERNAIRE.

Cette coupe se divise en trois parties à peu près de la même longueur.

De la première partie.

On y expose ses idées, en restant dans le même ton, sauf les modulations passagères, et l'on termine comme si le morceau ne devait pas avoir de suite. La longueur de cette partie dépend de la mesure et de son mouvement: elle peut avoir de vingt a cinquante mesures. On n'y fait guère usage du développement, à moins qu'il ne soit employé passagèrement.

De la seconde partie.

Elle se fait dans un autre ton et avec de nouvelles idées: c'est une seconde exposition. Le ton de cette partie doit se lier franchement avec celui de la première partie, sans modulation intermédiaire. Quand la première partie est, par exemple, en RÉ majeur, on attaque de suite la seconde partie en SOL majeur, c'est à dire à la SOUS_DOMINANTE. Pour éviter la ressemblance de cette coupe avec la coupe binaire, il ne faut pas composer la seconde partie en LA majeur, c'est à dire dans le ton de la dominante. La seconde partie pourrait aussi se faire en RÉ mineur. Si au contraire la première partie était en RÉ mineur, la seconde pourrait se faire soit en FA majeur, soit en SI♭ majeur. Sauf les modulations passagères, on reste plus ou moins dans le ton de la seconde partie, dans lequel elle termine, quand une modulation n'est pas nécessaire pour revenir dans le ton initial, par lequel la troisième partie commence. On fait également peu d'usage du développement dans cette seconde partie. Les deux parties sont à peu près de la même longueur.

De la troisième partie.

La troisième partie commence et finit dans le même ton que la première; et pourvu que ce ton y prédomine, on peut moduler plus ou moins. En créant cette partie, on commence par rappeler les idées de la première; en suite (pour faire une CODA saillante) on développe plus ou moins (mais pas trop) les idées les plus marquantes contenues dans les deux premières parties. Ce travail, fait avec génie, peut rendre cette coupe neuve et intéressante. Voici en abrégé le plan de la grande coupe ternaire:

Première partie.	Seconde partie.	Troisième partie.
Exposition d'idées en restant dans le même ton (en Ré majeur) sauf les modulations passagères.	Nouvelle exposition d'idées (en Sol majeur) avec fort peu de développement. Modulations passagères.	Même ton et le même commencement que dans la première partie. On développe ici ce qui est le plus saillant dans les deux parties précédentes. On module un peu plus hardiment, pourvu que le ton principal prédomine.

Cette coupe peut servir à faire des ADAGIO et des ANDANTE. On peut aussi l'employer pour des finales, dans ce cas on a la facilité, (en créant la troisième partie) de faire un développement FORT INTÉRESSANT, et de moduler plus hardiment et plus fréquemment en couronnant le morceau par une CODA VIGOUREUSE. Par conséquent, cette troisième partie peut devenir beaucoup plus longue que l'une des deux précédentes.

COUPE DU RONDEAU.

La nature du Rondeau dépend et de sa coupe et de la manière dont le motif s'y trouve reproduit.

Il est ici question des Rondeaux qui peuvent servir à des finales de symphonie, de quatuor, de quintetti &c et dans lesquels on est à même d'employer un développement intéressant.

On peut diviser cette coupe en quatre sections, dans lesquelles le motif initial joue le rôle principal.

Tout ce que nous avons dit sur le motif, à l'occasion de la coupe binaire est applicable au motif du Rondeau. On ne risque rien de donner au motif de cette coupe une longueur suffisante; il peut avoir une ou des reprises; par exemple:

Huit mesures avec une modulation passagère.	Seizes mesures avec une reprise ou sans reprise.	Petite CODA, mais qui n'est pas essentielle.

302

De la première section.

Après le motif on fait l'exposition d'autres idées. Nous supposons que le Rondeau soit en Ré majeur. Cette exposition s'attaque tout de suite soit en SI mineur, soit en LA majeur. Elle finit dans ce dernier ton. Deux ou trois petits motifs à peu près de huit mesures chacun, coupés par des idées accessoires, composent cette première section, dont la plus grande partie est en LA majeur. Le développement ne s'y trouve qu'accidentellement, ou bien il y est tout à fait supprimé. On fait un CONDUIT pour attaquer la section suivante.

De la seconde section.

On reprend le motif DA CAPO, en l'accourcissant s'il est long: huit ou seize mesures suffisent; on y supprime la modulation en LA, et les reprises. On le termine en RÉ. On fait une nouvelle exposition d'idées, en commençant dans le ton de Sol, où l'on reste plus ou moins. Cette exposition est également composée de deux ou trois petits motifs coupés par des idées accessoires. Le développement y est passager. Après quelques modulations (où l'on évite le ton de RÉ et le ton de LA) on s'arrête sur la dominante primitive: un CONDUIT ramène le motif par lequel commence la troisième section.

De la troisième section.

On répète le motif accourci comme dans la section précédente: toujours le terminant en RÉ majeur. On fait une troisième exposition, mais en RÉ mineur; elle est encore une fois composée de quelques motifs courts, coupés par des idées accessoires. Le développement y est également accidentel. On module passagèrement dans différens tons, en évitant ceux que l'on a employés dans les deux sections précédentes: on s'arrête également sur la dominante de RÉ: un nouveau CONDUIT ramène le motif pour la dernière fois.

De la quatrième section

Cette section est la plus importante et en même temps la plus longue. Elle doit couronner le morceau. On la commence par le motif initial, et cette fois on peut le répéter tout entier avec ou sans modifications, seulement on y supprime les reprises. Le ton principal (Ré majeur) doit prédominer dans cette section. Le DÉVELOPPEMENT est ici de rigueur. On rappelle ici les idées les plus saillantes que l'on a exposées dans les trois sections précédentes: on les transpose (la plus grande partie en Ré majeur) et on les développe, plus ou moins. Le tout se fait en modulant passagèrement, et en rappelant sans cesse le ton initial. On conçoit facilement que l'on a assez de matériaux pour créer une Coda intéressante, sans chercher de nouvelles idées.

Cette coupe peut, sans doute, éprouver quelques modifications. Par exemple on peut l'abréger, en supprimant la seconde section. Mais dans ce cas elle ressemblera trop à la coupe ternaire. On peut déjà tirer un grand parti du motif principal au commencement de la seconde section, en le développant.

Quand le Rondeau est en RÉ MINEUR, la première section est en Fa majeur (sauf le motif) la seconde section peut être en Si ♭ majeur (après le motif) la troisième section peut se faire en modulant dans différens tons, non employés dans les deux sections précédentes, et en évitant toutefois les tons de Ré mineur (sauf le motif) et de Ré majeur. La quatrième section doit être en Ré majeur (sauf le motif.)

Voici en abrégé le plan de la coupe du Rondeau:

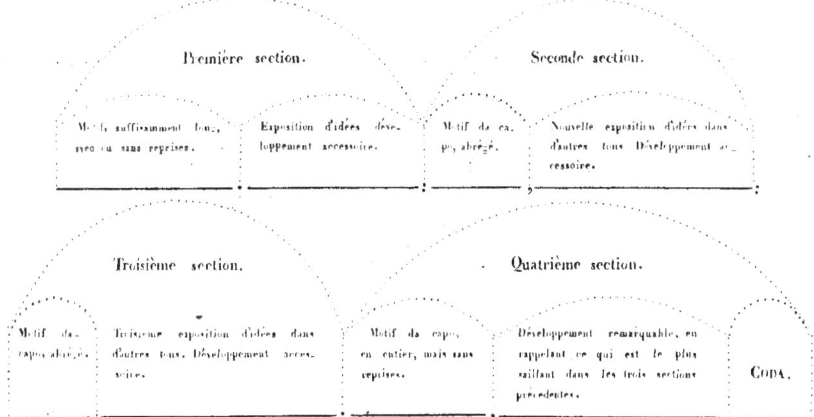

DE LA COUPE LIBRE, OU COUPE DE FANTAISIE.

Cette coupe n'a point de plan régulier. On la crée en suivant son sentiment et l'inspiration momentanée. Nous avons donné (page 265) un morceau analysé dans cette coupe.

On invente une idée, puis une autre, puis une troisième &c, en les développant légèrement sur le champ, ou plus tard: on rappelle, par ci par là, ses idées avec ou sans modifation; on module plus ou moins, le tout en suivant toujours son sentiment. Quand on est heureusement inspiré, on peut créer dans cette coupe des morceaux fort intéressants. Cette coupe est particulièrement favorable aux ANDANTE et aux ADAGIO. Le développement y trouve naturellement sa place, attendu que l'on peut y tirer parti d'une idée heureuse.

COUPES DES VARIATIONS.

Il s'agit ici des variations dans le genre des ANDANTE variés de HAYDN. Le motif, ou le thème, est l'objet principal dans cette coupe. Il est ordinairement composé de deux petites reprises. Les meilleures formes de motif pour faire des variations sont les suivantes:

En RÉ MAJEUR.

Huit mesures avec une cadence en LA majeur; :|| Huit mesures, en terminant dans le ton. :||

ou bien

Huit mesures avec une cadence parfaite en LA majeur; :|| Huit mesures avec une demie cadence sur la dominante du ton; et huit mesures da Capo avec une cadence parfaite en RÉ. :||

En RÉ MINEUR.

Huit mesures avec une cadence en FA majeur; :|| Huit mesures avec une cadence parfaite en RÉ mineur. :||

ou bien

Huit mesures avec une cadence parfaite en FA majeur; :|| Huit mesures avec une demie cadence sur la dominante de RÉ, et huit mesures da Capo avec une cadence parfaite en Ré mineur. :||

Les reprises indiquées se font souvent mais ne sont pas toujours nécessaires.

On fait aussi des *andante* variés avec deux motifs différents, dont le premier est en mineur et le second en majeur.

304

Des variations avec un seul motif.

Après avoir choisi et réglé son motif, on suivra à peu près le plan que voici: Motif _ première variation, très simple; _ seconde variation; _ troisième variation; _ un épisode de 24 à 30 mesures, pour faire reposer le motif avec son harmonie, et pour changer de ton. On y module plus ou moins. Le développement y est accidentel. On y expose de nouvelles idées. Quatrième variation; _ cinquième variation _ Au lieu d'une sixième variation, on fera une espèce de Coda, dans laquelle on pourra tirer parti du motif, en le développant partiellement tant soit peu, et en modulant passagèrement dans quelques tons que l'on n'a pas encore entendus.

Des variations avec deux motifs différens.

Le premier motif est en majeur, le second est en mineur. Les deux motifs doivent avoir la MÊME tonique et par conséquent la même dominante, c'est à dire quand le premier motif est en RÉ MAJEUR, le second doit être en RÉ MINEUR. Dans ce cas on finit le morceau TOUJOURS EN MAJEUR. Voici à peu près le plan à suivre: premier motif; _ second motif; _ premier motif légèrement varié; _ second motif légèrement varié; deuxième variation du premier motif; deuxième variation du second motif; _ troisième variation du premier motif; _ troisième variation du second motif; _ quatrième variation du premier motif; _ quatrième variation du second motif; un développement partiel avec la tête du motif majeur, suivi d'une CODA.

Quand on veut faire beaucoup de variations sur un seul motif, il n'est pas nécessaire qu'elles restent toutes dans le même ton. En supposant que le ton principal soit RÉ majeur, on peut faire une variation en LA majeur; une autre en sol majeur; une troisième en RÉ mineur, et une quatrième en SI mineur, suivie chacune d'une ou de deux variations en RÉ majeur. La difficulté est de trouver une occasion convenable où l'on puisse employer un grand nombre de variations.

Pour réussir dans la coupe des variations il faut apprendre de bonne heure à créer des motifs intéressans, et à varier une phrase harmonique et mélodique de toutes les manières; ce qui se fait en général:

1° En brodant ou en fleurissant un motif sans toucher à son harmonie;

2° En changeant les dessins d'accompagnement sans toucher ni aux accords ni au chant;

3° En changeant les accords seulement;

4° En changeant en même temps les accords et les dessins d'accompagnement, mais sans altérer le chant;

5° En variant en même temps et le motif et les dessins d'accompagnement, mais sans changer les accords;

6° En variant en même temps le chant, les dessins d'accompagnement, et les accords.

Comme cette coupe s'emploie particulièrement dans des morceaux lents, on n'a ni le temps de faire beaucoup de variations ni l'occasion de faire un développement saillant. Il ne faut pas les trop multiplier pour ne pas ennuyer les auditeurs, surtout quand le mouvement de la mesure est plus lent qu'Andante, et que les variations ont des reprises. Dans ce cas, quatre ou cinq variations, suivies d'une Coda fort courte, sont plus que suffisantes. Voici un exemple dans ce dernier genre, où un épisode (Rhythmé et répété comme le motif) remplace la seconde variation.

Adagio poco Andante. =Met: 84.
1er Violon.
2me Violon.
Alto.
Violoncelle.
p
Z.55.(?)

P
F
P
F
P
F
P
P
F
P
F
P
F
F
P
P
P
3
6
3
P
F
F
F
P

Z.55.(2)

Z. 55. (2)

pizzic.
pizzic.

pizzic.
pizzic.

PP
arco.
PP
PP
arco.
PP

PP
PP
PP
tr
1°
2°
1°
2°

DE LA COUPE DU MENUET

Ce qui caractérise le menuet, c'est la légèreté et l'ordonnance symétrique des idées, la vivacité du mouvement et la nature particulière de ses coupes.

La coupe du menuet est le plus souvent la petite coupe binaire (très abrégée) dont chacune se répète. On ajoute au menuet un TRIO, ✿ également dans la petite coupe binaire à deux reprises, après quoi on reprend le menuet DA CAPO. Le trio est presque toujours dans un autre ton que le menuet. Quand le menuet est en RÉ majeur, le trio peut se faire en LA majeur, ou en SOL majeur, ou en SI mineur, ou en RÉ MINEUR. Quand le menuet est en RÉ MINEUR, le trio peut se faire en RÉ MAJEUR, ou en FA majeur, ou en SOL mineur, ou en LA mineur.

On conçoit facilement que dans un cadre aussi rétréci on ne peut pas employer un développement saillant. Aussi a-t-on essayé **récemment**, de varier la coupe du menuet, ce qui mérite une analyse particulière.

De nos jours, les menuets ont un trio ou n'en ont ont pas.

Des menuets avec un, ou avec deux trios.

Première version.

Quand le menuet n'a qu'un seul trio, (comme cela se faisait ordinairement,) les deux morceaux sont de fort peu d'étendue; on les compose dans la petite coupe binaire; le menuet et le trio ont chacun deux petites reprises: le tout se fait comme nous l'avons indiqué ci-dessus. Après le trio on répète toujours le menuet. On peut tant soit peu développer les idées dans la seconde reprise du menuet et du trio.

Seconde version.

On fait le menuet et le trio, en reprenant le menuet da capo, comme dans la première version; mais au lieu de terminer par le menuet, on revient pour la seconde fois au trio avec lequel on finit, soit sans changement, soit avec quelques légères modifications, suivies d'une petite Coda. Cette version ne peut avoir lieu que dans le cas où le menuet est en mineur (Ré mineur par exemple) et le trio en majeur (Ré majeur.)

Troisième version

On fait le menuet et le trio comme dans les deux versions précédentes: mais en reprenant le menuet da capo, on le change (en gardant les mêmes idées,) on le varie, on le développe un peu, et l'on y ajoute une Coda.

Quatrième version.

Le menuet peut avoir deux trios différens, chacun dans un autre ton. Voici le plan d'un menuet avec deux trios: Menuet (en Ré majeur;) premier trio; menuet da Capo sans reprises, ou bien le menuet accourci, c'est à dire en n'en faisant entendre qu'un fragment; deuxième trio; fragmens du menuet un peu développés; on peut même y rappeler une ou deux phrases du premier trio, si on le juge à propos. Une petite Coda termine le tout.

✿ Le trio est une espèce de second menuet, qui sert à faire désirer le retour du 1er, et à prolonger le morceau qui, sans cela, serait trop court.

Menuets qui n'ont point de Trio.

Version A.

On fait le menuet dans la coupe binaire accourcie (mais beaucoup moins que dans les versions précédentes,) avec une ou deux reprises ou sans reprises. Ainsi on suivra à peu près le plan que voici:

Première partie, exposition des idées;_ seconde partie, développement (plus ou moins étendu) avec toutes les idées un peu saillantes contenues dans la première partie; Coda.

Version B.

On commence par inventer cinq ou six périodes différentes, bien phrasées et qui n'excèdent pas huit à dou_ ze mesures. Chacune de ces périodes peut avoir une reprise; mais on peut les exécuter aussi sans reprises, ou bien n'en répéter qu'une partie. Il faut qu'elles se suivent et s'enchaînent franchement. Deux ou trois d'entre elles doivent se trouver dans des tons différens. Cela étant fait, on poursuit le menuet en revenant toujours sur les mêmes idées, mais avec les changemens suivans:

On intervertit l'ordre (ou la succession) des idées;

On transpose telle ou telle période dans un autre ton (quand on le juge à propos;) on la développe tant soi - peu; on met le chant dans une autre partie; ou l'on en change l'harmonie ou l'accompagnement, &c:&c: Après tout ce travail on termine le menuet par une CODA.

Il faut en général que les idées d'un menuet soient légères et bien rhytmées, n'importe la coupe que l'on choi_ sisse: cette légéreté d'idées est le caractère prédominant d'un menuet.

Comme cette dernière coupe est la plus rare, et qu'elle se prête naturellement au développement, nous en donnerons ici un exemple analysé.

1ma
2da
1ma
2da
2me Période.
3me Période.
4me Période.
I.55.(2)

6me Période.
6me Période.
FP
FP
P
1re Période de 10 mesures avec son développement de 21 mesures.
7.55 (3)

FP
FP
FP
FP
FP
FP
2me Periode avec son développement.
Z.55.(2)

316

tr
FF
FF
FF

p
p
p
p
4me Période avec son développement.

317
tr
tr
tr
6me Période.
accourcie et légèrement serrée.
6me Période suite.
Z.55(2)

Fz
Fz
Fz
3me Période et son développement qui sert en même temps de Coda.

Les six périodes primitives de ce morceau contiennent 54 mesures sans les reprises. Le morceau tout en a 211, sans compter les six premières reprises. Ainsi, le développement en est de 157 mesures, c'est à dire surpasse les deux tiers du morceau.

Z. 55. (2)

Les productions les plus importantes, sous le rapport du développement, appartiennent spécialement à la musique instrumentale. On sait que les quatuors, les quintetti, les symphonies &c: se composent de quatre morceaux, qui sont: ALLEGRO, ou premier morceau, * ANDANTE ou ADAGIO, second morceau; MENUET, troisième morceau, et FINAL ou RONDEAU, quatrième morceau. — La coupe du premier Allegro est toujours la GRANDE COUPE BINAIRE. — La coupe du second morceau (de l'andante ou adagio) est ou BINAIRE (mais accourcie) ou TERNAIRE, ou LIBRE, ou coupe des VARIATIONS. Nous venons d'indiquer les différentes coupes du menuet. La coupe du finale est, ou BINAIRE (presque toujours sans reprise,) ou TERNAIRE, ou COUPE DU RONDEAU.

Quant à la musique vocale, on n'a pas encore trouvé le moyen de la rendre intéressante par des développemens saillans: elle est encore sous ce rapport bien en arrière de la musique instrumentale, dans laquelle nous possédons tant de chef d'oeuvres. Cependant on peut développer ses idées (jusqu'à un certain point) dans les MORCEAUX D'ENSEMBLE, dans les CHOEURS et surtout dans les GRANDS FINALES D'OPÉRA. Pour réussir dans ce genre de développement, le compositeur doit être maitre des ressources de son art, et doit choisir des situations et des paroles convenables. Il résulte de tout ce que nous avons dit sur les travaux avec les différens contrepoints (livre deux,) sur la matière fuguée (livre quatre,) et sur l'art de tirer parti de ses propres idées (livre six,) que l'on peut développer ses idées

1° Au moyen des contrepoints;

2° Par la matière fuguée;

3° Par les différens moyens indiqués dans ce sixième livre, et

4° En employant plus ou moins dans un même morceau les deux ou trois ressources précédentes.

Les moyens indiqués dans ce dernier livre pour développer ses idées avec effet, ont un très grand avantage sur les contrepoints et la matière fuguée; ces derniers moyens peuvent paraitre souvent déplacés, trop sévères et arides, selon le caractère du morceau et la nature des idées.

VI

DE L'INTRODUCTION ET DU PRÉLUDE.

DE L'INTRODUCTION.

L'ouverture, ainsi que le morceau initial d'une symphonie, d'un quatuor &c: sont fort souvent précédés d'une INTRODUCTION. Cette introduction est une espèce d'annonce ou d'avertissement aux auditeurs, pour les préparer à écouter le morceau suivant avec le moins de distraction possible. Elle a en même temps pour but de donner plus de solennité au début: c'est par cette raison qu'il est à conseiller de faire une introduction à des morceaux initials qui sont d'un caractère un peu léger, et qui, sans cette précaution, feraient moins d'impression: mais, quand ces morceaux sont d'un caractère large, imposant, ou qu'ils débutent par un FORTE éclatant, l'introduction n'est pas nécessaire.

L'introduction est presque toujours d'un mouvement lent. Elle ne consiste par fois que dans quelques accords plaqués, dont le dernier est l'accord parfait de la dominante, ou celui de septième dominante. Mais il y a des introductions qui ont de 30 à 40 mesures et plus. Dans ce cas, ce sont des productions d'un caractère vague et indéterminé, de pures FANTAISIES, des espèces de CAPRICES, qui ne suivent aucun plan régulier. Dans les unes on poursuit une ou deux idées en les développant plus ou moins; dans les autres, les idées se succèdent sans que l'on s'arrete sur aucune; il semble que l'on s'égare, ou que l'on cherche vaguement la route pour arriver au morceau suivant.

---

* Souvent précédé (ainsi que l'ouverture) par une introduction, dont nous parlerons après cet article.

Quand le ton du morceau initial est RÉ MAJEUR, l'introduction doit être en RÉ MAJEUR ou en RÉ MINEUR, c'est à dire que l'un et l'autre doivent avoir LA MÊME TONIQUE. Quand ce morceau est en RÉ MINEUR, l'introduction est également en RÉ MINEUR, rarement en Ré majeur; dans ce dernier cas elle doit être d'une certaine longueur.

Une introduction trop prolongée est toujours vicieuse, parce qu'elle fatigue les auditeurs en faisant trop attendre le morceau suivant, au lieu de les disposer à en recevoir l'impression d'une manière plus vive.

Sous le rapport des modulations, il n'y a rien à dire, si non, que l'on en fait dans le courant d'une introduction plus ou moins, qu'elles sont plus ou moins hardies, selon l'étendue de l'introduction et la nature de ses idées, selon enfin le génie, le sentiment ou le caprice du compositeur. Mais, toutes les introductions s'arrêtent sur la DOMINANTE du ton dans lequel le morceau suivant est conçu.

DU PRÉLUDE.

Le PRÉLUDE est consacré uniquement au développement d'un trait de chant, ou d'une courte phrase mélodique. Pour le faire, on choisit d'abord un groupe de notes, formant un sens qui ait suffisamment d'intérêt, afin que sa reproduction continue ne devienne pas fatigante. Il faut aussi que le trait soit composé de manière à pouvoir être accompagné par toute sorte d'accords. On le promène dans toutes les parties, en modulant fort souvent: on peut aussi le répercuter constamment dans une seule partie, ce qui cependant ne vaudrait rien dans un prélude fait pour l'orchestre. Pour créer cette production, il n'y a ni plan à tracer, ni coupe régulière à observer. On termine dans le ton par lequel on a commencé, sans que la matière soit divisée en phrases et en périodes symétriques.

Jusqu'à nos jours, on n'a fait des préludes que pour l'orgue ou pour le Piano forté seuls. SÉBASTIEN BACH nous a laissé de beaux modèles dans ce genre. On pourrait employer cette sorte de production avec avantage 1° en accompagnant le PLAIN-CHANT, exécuté à l'unisson par un chœur; dans ce cas, le prélude se fera pour l'orgue ou pour l'orchestre: 2° en accompagnant un AIR DÉCLAMÉ, ou un CHŒUR, lorsque la situation théâtrale le permet, ce qui arrive fréquemment; dans ce second cas, le prélude se fera pour l'orchestre, en choisissant le trait de chant à développer de manière à ce qu'il exprime plus ou moins ce qui se passe sur la scène, ou dans l'âme des acteurs.

Un prélude ne doit pas être long: 30 à 50 mesures suffisent, suivant leur mouvement et leur longueur. Certes, il faut avoir du talent pour rendre intéressant un morceau qui n'est composé que de la répercussion continue d'une seule phrase, 30 ou 50 fois reproduite.

Le trait de chant répercuté peut éprouver de temps en temps une légère altération, pourvu qu'elle se fasse de manière à ce que l'on y reconnaisse le DESSIN PRIMITIF. Il est même permis de remplacer passagèrement ce dernier par un autre, pourvu qu'il soit du même caractère, ce que l'on obtient en lui donnant la même quantité et les mêmes valeurs de notes. Ces sortes de changemens, employés avec discrétion, sont non seulement avantageux, mais quelquefois nécessaires, selon les modulations et les accords que l'on veut choisir.

Comme il n'existe pas d'exemple d'un véritable prélude conçu pour l'orchestre, accompagnant la voix, nous en donnerons ici le modèle suivant, où la partie vocale n'est indiquée que par des notes qui supposent des paroles analogues à une situation théâtrale et calme.

Prélude ✽

✽ Le trait de chant qui sert au développement dans ce prélude est le suivant :

Z.55.(2)

Solo.
Fz
Fz
Fz
Fz
Z. 55. (2)

Solo.

Solo.
Solo.
Solo.
Solo.
Z. 55. (2)

Solo.
Solo
Solo.

Fz
Fz
Fz
Fz
Fz
F
F
Z. 55.(2)

VII.

RÉFLEXIONS SUR L'ÉTAT ACTUEL DE LA MUSIQUE EN EUROPE.

De nos jours, la musique joue un grand rôle en Europe; elle y est devenue populaire. C'est en Europe qu'on a découvert l'harmonie, inventé et perfectionné tant d'instrumens divers, établi des Orchestres, porté l'exécution au suprême degré, créé des chefs d'oeuvres dans les différens genres de composition &c. Mais après avoir érigé un édifice aussi imposant, et qui fait tant d'honneur à l'esprit et au génie de **l'homme civilisé, il** faudrait les conserver. Lorsqu'un art est parvenu à un haut degré de perfection, lorsqu'il est devenu populaire, lorsqu'enfin tout le monde s'en occupe; il est sur le point de rétrograder. On s'écarte des vrais principes; le goût se corrompt, on abuse des ressources de l'art et de ses propres moyens: le règne du charlatanisme commence, l'art se dégrade, s'avilit. Malheureusement les oreilles s'habituent peu à peu à la mauvaise musique comme à la bonne. La prétention que chacun a de juger en dernier ressort, est non seulement ridicule, mais encore très pernicieuse pour la musique. Les compositeurs qui dépendent du public, sacrifient l'intérêt de l'art au désir de plaire à la multitude. Aussi la plupart des productions musicales ne sont-elles que des marchandises de mode, qui n'ont qu'une existence éphémère. C'est par cette raison encore que tous LES GENRES de musique se confondent; le même esprit, celui de satisfaire tout le monde, n'importe par quels moyens, et de FLATTER, n'importe quelles oreilles, préside à toutes les productions musicales. Les beaux modèles que nous ont laissés MOZART et HAYDN ne sont point imités, et la musique sacrée ne se distingue de la musique théâtrale que parcequ'elle s'exécute à l'église(1)

Comme le public exige, d'une part, qu'on le divertisse sans cesse par des nouveautés; et que d'un autre coté les ressources de la HAUTE COMPOSITION ne sont pas suffisemment DIVERTISSANTES pour la multitude, il est difficile de prévoir ce que les compositeurs à la mode (les seuls protégés et encouragés) inventeront pour se faire applaudir, et quel sera l'état de la musique dans un siècle.

D'après cet exposé, on conçoit facilement que l'apparition d'une production sublime, d'un chef d'oeuvre enfin, doit être extrêmement rare.(2) Pour créer un tel oeuvre, il faut non seulement un génie rare et une profonde connaissance de l'art, mais encore une âme forte, qui sache se mettre au dessus de la critique, qui brave avec un noble courage l'opinion de la multitude, et qui ne cherche d'autre récompense que celle que donne le sentiment de sa propre supériorité.

VIII.

DISCUSSION DE DIFFÉRENS POINTS QUI N'ONT PAS ENCORE ÉTÉ TRAITÉS.

1

Suivant la tradition, les anciens Grecs et Romains faisaient PARLER en CHOEUR dans leurs théâtres un grand nombre de personnes, comme nous le faisons dans nos choeurs chantés. Il est évident que cela devait produire un grand effet. Il est surprenant que l'on n'ait pas cherché à imiter cet effet sur nos théâtres tragiques, tandis qu'il est si facile de l'obtenir au moyen de nos mesures musicales. Pour cela, il ne s'agit que de bien rhytmer et prosodier les vers que l'on doit réciter en choeur et noter ensuite cette prosodie sur une mesure convenable. Les choristes répéteraient leurs CHOEURS PARLÉS à l'instar de nos chanteurs, sauf qu'il n'auraient que quelques mots à apprendre, (attendu que le CHOEUR PARLÉ ne peut et ne doit être que très court) tandis que ceux ci sont obligés d'apprendre des morceaux qui sont quelquefois fort longs.

(1) On pourrait appliquer à beaucoup de compositeurs, qui de nos jours ont fait pour l'église de fort belle musique théatrale, ce que disait HORACE aux poètes de son temps: TOUT CELA EST FORT BEAU, MAIS N'EST PAS A SA PLACE. SED NUNC NON ERAT HIS LOCUS: art poétique, vers 19.

(2) Dans tous les arts.(et principalement en musique qui est un art de pure création) un chef d'oeuvre dont la conception est vaste, les combinaisons extraordinaires, les idées neuves, grandes et sublimes, ne peut être ni senti, ni apprécié par la multitude. Il est trop au dessus de sa portée.

On n'a pas encore trouvé le moyen de noter la déclamation ordinaire. Cependant, cette déclamation, ainsi que la musique, est composée d'intervalles, de pauses, de valeurs longues et brèves, de forté, de piano, de crescendo et de calando &c&c. L'art de noter la déclamation serait très utile dans les écoles; il offrirait de grandes ressources aux orateurs de tous genres, aux acteurs et aux compositeurs mêmes. En effet, de quel exemple et de quel intérêt ne serait il pas de savoir au juste comment Démosthènes et Cicéron ont déclamé leurs discours, et comment Roscius, Garrick et Lekain ont débité leurs rôles. Pour arriver à ce but, il suffirait de trouver les moyens de mesurer les intervalles de la déclamation; le reste n'éprouverait pas de grandes difficultés.

3.

Tout le monde sait que le son musical met en mouvement la portion d'air qui entoure l'instrument sonore. Or donc, deux sons différens mettent deux portions d'air en mouvement, trois sons différens mettent en mouvement trois portions d'air, et ainsi de suite. (1) On ignore absolument la quantité et la force de ces différentes portions d'air. Pourquoi les mathématiciens et les physiciens ne s'occupent-ils pas de les déterminer?

Si l'on connaissait exactement cette quantité et cette force, il en résulterait que le compositeur serait en état de calculer ses effets, en produisant une portion voulue et déterminée; ce qui aurait, entre autres, les avantages suivans:

1° On pourrait fixer de nouvelles règles sous le rapport de la variété, (l'âme de la musique,) en indiquant au juste ce qu'il faut faire pour augmenter ou diminuer à volonté la portion de l'air mis en mouvement;

2° On serait en état de fixer au juste le nombre de musiciens que tel ou tel local exige;

3° On saurait ce qu'il faut observer pour être entendu à une distance déterminée, selon la nature des instrumens;

4° Selon le témoignage des médecins les plus célèbres, la musique influant d'une manière heureuse dans différentes maladies, il deviendrait possible de fixer la quantité d'air, que l'on devrait mettre en mouvement, au moyen de la musique, pour obtenir tels ou tels résultats.

4.

Les sons, en mettant en mouvement l'air qui environne les corps sonores, y tracent des dessins. Ces dessins sont ils des lignes, des quarrés, des cercles, des ellipses, &c&c. C'est ce que nous demanderons aux physiciens et aux mathématiciens. Une connaissance exacte sous ce rapport nous mettrait à même de tracer sur le papier les dessins mélodiques et harmoniques que les sons forment dans l'air, et de comparer les dessins auditifs avec les dessins visuels, ce qui pourrait mener à des découvertes importantes touchant le rapport des deux sens, de la vue et de l'ouïe. Par là, on pourrait fixer ce qui constitue la confusion en musique, c'est à dire ce qui est compréhensible ou ce qui ne l'est pas, même pour des oreilles exercées: par là il serait possible d'indiquer ce qu'il faut faire pour habituer peu à peu le vulgaire à saisir la musique qui n'est pas faite pour lui; par là on serait en état de fixer les différens dégrés de complication que la musique peut recevoir, et d'indiquer quel est le dégré que telle ou telle nation est capable de saisir et d'apprécier.

5.

L'intervalle le plus petit dans notre système musical est le ½ ton. Ce n'est pas que l'oreille ne soit en état d'en distinguer un plus petit; mais c'est qu'on n'a pas trouvé le moyen de le noter dans la pratique. Une oreille un peu exercée est très bien en état de distinguer un ¼ de ton, pourvu que ce soit entre les deux ut suivans :   hors de ces limites les ¼ de ton deviennent difficiles à apprécier.

---

(1) Le même son, exécuté par deux instrumens, en double le volume; exécuté par trois instrumens il le triple, &c. le forté augmente ou diminue selon le forte et le piano.

Selon le témoignage d'Aristote, les ¼ de ton étaient en usage chez les anciens Grecs, avant Alexandre le Grand. Si l'on pouvait introduire les ¼ de ton dans la musique, le langage musical serait considérablement enrichi; on pourrait imiter plus fidèlement la déclamation ordinaire, varier à l'infini le chant, et trouver différentes modifications à l'harmonie. On aurait à examiner si les ¼ de ton qui existent 1° entre la tierce mineure et la tierce majeure, 2° entre la tierce majeure et la quarte juste, 3° entre la quinte parfaite et la sixte mineure, 4° entre la sixte mineure et la sixte majeure, produisent sur l'oreille l'effet de consonnances artificielles. Au reste, cette expérience est facile à faire au moyen de deux clavecins accordés d'après deux diapasons qui diffèrent EXACTEMENT d'un ¼ de ton.

6.

La musique est bien riche et très variée en sons, en intervalles, en accords, en valeurs de notes, en instrumens, et par conséquent en timbres &c &c. Mais elle est excessivement pauvre en mesures. Effectivement, nous n'avons que deux sortes de mesures, la mesure binaire et la mesure ternaire. Cette pauvreté inconcevable sera la cause que bientôt il sera impossible de trouver une phrase nouvelle de chant. Jusqu'à nos jours on s'est obstinément opposé à l'introduction de nouvelles mesures, en avançant sans cesse que toutes les mesures autres, que celles dont nous faisons usage, sont boiteuses et ne se trouvent pas dans la nature. On n'a donc pas réfléchi que notre mesure à trois temps est vraiment boiteuse, et n'imite aucun mouvement dans la nature, où rien ne se meut par trois; on n'a pas pensé non plus que dans le courant de nos deux mesures, nous faisons usage de toutes sortes de mouvemens, et que cependant ces différens mouvemens ne nous choquent pas, quoiqu'ils n'imitent rien dans la nature. Nous ne disons rien autre chose pour prouver que l'argument contre l'introduction des nouvelles mesures, est dépourvu de sens. Les véritables causes qui s'opposent et qui s'opposeront encore longtemps à cette innovation, sont l'habitude de n'entendre que deux mesures, et la paresse d'en apprendre et d'en enseigner de nouvelles.

7.

On a entendu plusieurs fois en Europe (surtout en Angleterre) exécuter de la musique par plus de 300 ou 400 personnes:(1) Mais cette musique n'avait été composée, dans le principe, que pour un orchestre ordinaire, de 50 ou 60 musiciens, en y comprenant le chœur. Il est clair que 40 musiciens suffisent pour faire entendre de la musique ainsi conçue, pourvu qu'elle soit exécutée dans un local convenable. Ainsi, une symphonie de Haydn ou de Mozart, rendue par 40 ou par 400 exécutans, restera toujours la même symphonie. Il est même très possible que dans le premier cas elle nous fasse plus de plaisir que dans le second.(2)

On n'a jamais composé de la musique pour un nombre nécessaire de 300 ou de 400 musiciens. Comme cette proposition est éminemment du ressort de la HAUTE COMPOSITION, et qu'elle pourra être réalisée par la suite, nous donnerons ici sur elle des éclaircissemens plus détaillés.

En supposant qu'un compositeur d'un mérite et d'un talent distingués ait à sa disposition seulement le nombre des musiciens suivant, savoir.

60	Violons,	12	Clarinettes,
18	Altos,	12	Haut Bois,
18	Violoncelles,	12	Bassons,
18	Contre-Basses,	6	Paires de timballes,
12	Flûtes,	6	Trombonnes.
12	Cors,		Total, 1 8 6 musiciens.

---

(1) La dernière fête musicale de ce genre a eu lieu dans la cathédrale d'YORCK en 1823; le nombre des exécutans était de près de 450.

(2) Une statue de quatre pieds peut plaire et flatter l'œil plus que le même modèle exécuté en colosse de 40 ou 50 pieds.

Il pourrait varier ses effets de la manière suivante, en employant 1° des parties déterminées (plus ou moins fortes) de la masse totale; 2° Seulement la masse des instrumens à cordes; 3° Seulement la masse des instrumens à vent; 4° Les 60 violons ou seulement les altos avec les violoncelles et les contrebasses; 5° Les 12 flûtes, ou les 12 hautbois, ou les 12 clarinettes, ou les 12 cors, ou les 12 bassons, ou les 6 trombonnes. En accordant chaque paire de timballes d'une manière particulière, il peut les employer isolément, produire toute sorte d'accords et conséquemment de l'harmonie; 6° toute la masse réunie.

En outre, le compositeur peut faire mille autres combinaisons dans lesquelles il a à sa disposition toutes les ressources possibles de l'harmonie. Il peut encore ajouter des choeurs à l'orchestre ainsi composé, ce qui multiplie les chances, les ressources et les combinaisons. Nous nous réservons de réaliser par la suite cette proposition.

8.

La quantité d'instrumens, et les grandes ressources d'exécution qui sont à notre disposition offrent aux compositeurs des combinaisons neuves et le moyen de produire des effets grands et inattendus. Souvent un seul instrument, qui ne joue qu'un rôle très secondaire dans l'orchestre, peut le servir efficacement s'il sait en tirer parti avec adresse. Nous donnerons ici un exemple qui peut servir à d'autres du même genre. Le célèbre poëte allemand SCHILLER fit une ode lyrique, intitulée L'HARMONIE des sphères, qui commence par ces vers:

Horch vie orgelt, vie braust die Aeolsharfe der Schöpfung!

Droben und drunten und rings tönet ihr bebendes Gold.

En voici la traduction littérale:

Ecoutez!.. comme la harpe Eolienne de la création résonne et frémit! au dessus, au dessous, partout vibrent ses cordes argentées.

Ce début, très poétique dans la langue allemande, me séduisit. Arrêté sur le moyen de peindre l'effet des sphères roulant dans l'immensité de l'espace, je pensai que je pourrais employer avec fruit un certain nombre de timballes accordées d'une manière différente et faisant continuellement de l'harmonie. Voici le choeur que je composai sur les paroles précédentes; il est accompagné par des instrumens à cordes, et par huit timballes. Chacune est accordée d'une manière différente. Les tymballes doivent rendre les huit notes suivantes:

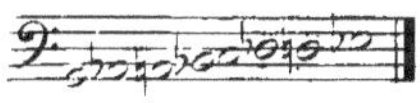

Il y aura quatre tymbaliers. Le premier aura deux tymballes hautes, accordées MI♭ RÉ♮. Le second deux autres tymballes hautes, accordées RÉ♭ UT♮. Le troisième deux tymballes graves, accordées SI♭ LA♮. Le quatrième deux tymballes graves, accordées LA♭ SOL.

Le nombre nécessaire de musiciens pour ce morceau est approximativement le suivant:

6	Premiers violons,	5	Premiers sopranos,
6	Seconds violons,	5	Seconds sopranos,
6	Troisièmes violons,	5	Premiers contre_altos,
6	Altos,	5	Seconds contre_altos,
4	Premiers violoncelles,	5	Premiers tenors,
4	Seconds violoncelles,	5	Seconds tenors,
6	Contre_basses,	5	Premiers basses_tailles,
4	Paires de tymballes,	5	Secondes basses_tailles

Total, 82 musiciens.

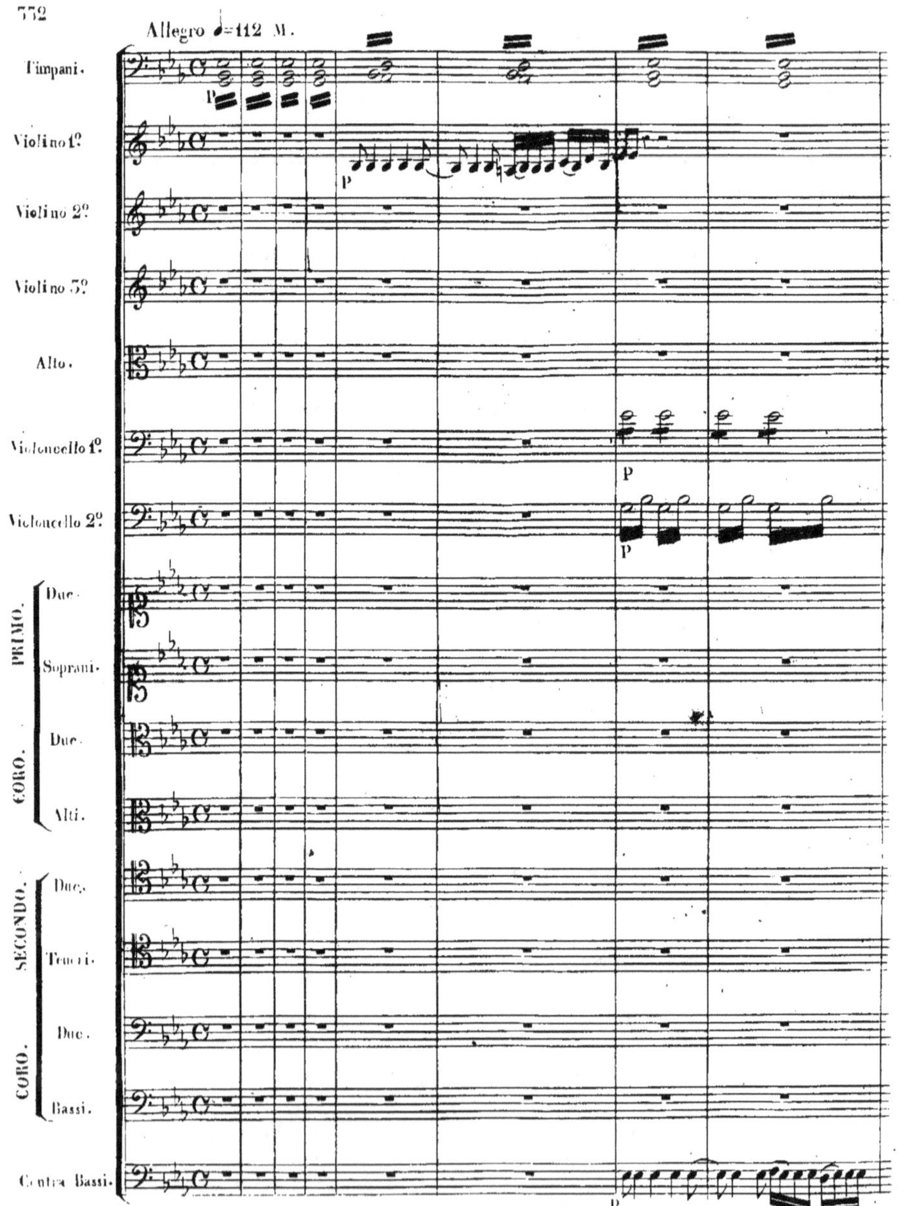
Allegro ♩=112 M.
Timpani.
Violino 1º
Violino 2º
Violino 3º
Alto.
Violoncello 1º
Violoncello 2º
PRIMO.
Duc.
Soprani.
Duc.
Alti.
CORO.
SECONDO.
Duc.
Tenori.
Duc.
Bassi.
CORO.
Contra Bassi.
p

p
p
p
p
FP
FP
Fz
Fz
Col Violino 1°
Col Violino 1° al 8va
Col Basso
Col Basso
Col Basso
Z. 55 (3)
Fz
Fz

FP
FP
FP
FP
Fz
Fz
Fz
Fz
Fz
Fz
Fz
Col 1° al 8va
Fz
Fz
Fz
Fz
P
P
P
Col Violino 1° al 8va
P

Cres.
F
Col Violino 1° al 8va
Col Basso.
Col Basso.
F
Col Basso.
F
Cres.
p
p
p
Calando.
Calando.
Col Bassi
Col Bassi
Horch!
Horch!
Horch!
Horch!
Calando.
p
Z. 55. (2)

Horch!
Horch!
Horch!
Horch!
Horch!
Horch!
Horch!
Horch!

fp
Horch wie or_gelt wie

FP
Col Violino 1° al 8va
Cres
Cres
Col Basso.
Col Basso.
brausst die Ae _ ols Har _ _ fe der scöp _ fung horch wie
Cres
Cres
F
Cres
F
2°
Horch wie or _ gelt wie brausst die Ae _ ols _ Har _ fe der
or _ _ gelt wie brausst _
Cres
F

P
Cres.
F
Cres.
F
P
F
Cres.
F
tr
tr
Col F°
Horch wie orgelt wie brausst die Ae _ ols _ Har _ fe der scöpfung   Horch wie
schöpfung   Horch wie or _ _ _ gelt wie brausst   die   Ae _ _ ols
die
P
Cres.
F

Fz
Fz
or _ gelt.   Horch   wie   brausst   die
Har _ _ _ _ _ _ _ _ _ _ fe   der   schöp _ fung
Horch   wie or _ gelt   wie brausst die   Ae _ ols   Har _ _ _ fe   der
Ae _ _ _ ols   Har _ _ _ _ _

Horch!
Horch!
Horch!
Horch!
Ae _ ols
Har _ _ fe der
Horch wie or _ gelt wie brausst die Ae _ ols Har _ _ fe der
schöp _ fung Horch wie or _ _ _ gelt wie brausst _ _ _ _
_ _ _ fe der schöp _ fung

P
FP
Cres.
Fz
Fz
Cres.
Cres.
Fz
Fz
Cres.
Horch!
Horch!
Horch!
Horch!
schöp _ fung
Horch wie or _ gelt wie
schöp _ fung
Horch wie or _ _ _ gelt wie
Horch wie or _ gelt wie brausst die Ae _ ols Har _ _ fe der
Cres.

Z. 55. (2)

Fz
F
Fz
Fz
Col Basso
Fz
brausst die Ae _ ols Har _ _ fe der
brausst die Ae _ _ ols Har _ fe der schöp _ fung
_ die Ae _ _ ols Har _ fe der schöp _ fung
schöpfung Horch wie or _ gelt Horch wie or_gelt Horch wie brausst die
Fz
Fz

Fz
Fz
Col 1º al 8va
tr
Fz
Col Basso
tr
Col 1º
Col Basso
Horch!
Horch!
Horch!
Horch!
schöpfung, Horch! - - Horch! - -
Horch Horch Horch - - -
Horch wie or - gelt wie brausst die Ae - ols Har - fe der schöp -
Ae - ols Har - fe der schöp - - -
2 55.(2)

_ fung
_ fung

Col 1º
Col Basso
Col Basso
Col Basso
P
Fz
Fz
Fz
F
P
F
P
F
F
P
Cres.
F
Col 1º
P
F
Col 1º al 8va
F
Fz
P
Cres.
F
Z.55.(2)

Horch wie or_gelt wie brausst die Ae_ols Har_fe der schöp_fung Horch wie
Deo_ _ben und drunten und rings tönet ihr be_ _ _

Cres.
Col Violoncello 1°
Col 1°
Col Basso
Col Basso
or _ gelt wie brausst _ _ _
Horch wie or _ gelt wie brausst die Ae _ ols Har _ fe der schöp_fung Horch wie
Horch wie orgelt wie
_ _ _ ben _ des Gold Droben und drun_ten und rings
Dro _ _ ben und drun_ten und rings tönet ihr be _ _
Dro _ _

Fz
Fz
p   Cres.
mF
Fz
p   Cres.
Col Violino 1º al 8va
Fz
Cres.
mF
die   Ae -
brausst   die   Ae - ols   Har - fe   der   schöp -
brausst die Ae - ols   Har - fe   der   schöp - fung   Horch wie
tö -   net   ihr
- ben und drunten und   rings   tö -   net   ihr
Fz   p   mF
Cres.
Z.55.(2)

Cres.
Cres.
_ _ ols Har _ _ fe der schöp _ _
_ _ fung
or _ gelt wie brausst die Ae _ _ ols
Horch wie or _ gelt wie brausst die Ae _ ols Har _ fe der
be _ _ _ _ ben _ _ _ des Gold
Dro _ _ _ ben und drun _ ten und rings
_ _ ben _ des
be _ _ ben _ des Gold tö _ _ _ _ net ihr
Z.55.(2)
Cres.

mf
Cres.
Col 1.º al 8va
mf
Cres.
Col Basso
Col 1.º
fung
Horch wie or _ gelt wie
Horch wie or _ gelt wie brausst die Ae _ ols Har _ fe der
Har _ _ _ fe der schöp _ fung
schöp_fung Horch wie or _ _ _ _ _ gelt wie
dro _ _ ben und drun_ten und rings
tö _ _ _ _ net ihr
Gold rings tö _ net ihr be _ ben _ des
be _ ben _ des Gold ihr be _ ben _ des
Cres.

mf
mf
mf
Col Basso
brausst die Ae _ ols Har _
schöp_fung Horch brausst die Ae _ ols
Horch wie or _ gelt wie brausst die Ae _ ols Har _ _
brausst die Ae _ ols
tö _ _ _ _ net ihr
he _ _ _ _ _ _
Gold dro _ _ ben und drun _ ten und rings _ _ _ _
Gold dro _ ben und drun _ _ ten und rings tö _ _ net ihr
mf
Z.55.(2)
Fz

Violino 1.° et Viol 2.°
II 2.° all 8.va
V.° 1.°
V.° 2.°
Cres
Cres
F
F
Fz
Fz
Col 1.°
Col 1.° al 8.va
fe der schöp _ _ fung
Har fe der schöp _ _ _ fung
fe der schöp _ _ _ fung
Har _ fe der schöp _ _ _ fung
be _ _ _ _ ben _ des Gold
_ _ _ _ _ ben _ des Gold
tö _ _ net ihr be _ ben _ des Gold
be _ _ _ ben _ des Gold

F
Col 1º
Col 1º al 8va
Col Violino 1º al 8va
rings tö _ net ihr
rings tö _ net ihr
rings tö _ net ihr
rings tö _ net ihr

Violino 1º, 2º, 3º. ll 5º al 8ª.
Col Basso
Col Basso
be _ ben _ des Gold
be _ ben _ des Gold
be _ ben _ des Gold
be _ ben _ des Gold
Z.55.(2)

Cres
Col 1º
Col 1º al 8va
Cres
F
Fz
Col 1º
Col 1º
Col 1º
P

p
p
p
p
p
pp
pp
pp
pizziccato.
2.55.(2)

Voici de quelle manière on peut distribuer les huit tymballes du chœur précédent entre les quatre person_
nes destinées à les blouser.

TABLE DES MATIÈRES

CONTENUES DANS LE SECOND VOLUME DU TRAITÉ DE HAUTE COMPOSITION.

Livre quatrième.

Livre cinquième.